돈의
기회

EBS CLASS ⓔ

백정선 지음

위기 때 돈을 버는 사람은 무엇을 보는가

EBS BOOKS

위기의 패턴을 읽는 순간
마이너스 손에게도 기회가 찾아온다

2020년 들어 사람들이 만나서 하는 대화 중 가장 많은 부분을 차지하는 것이 부동산과 주식에 대한 얘기인 듯하다.

며칠 전 가까운 친구가 사무실로 찾아왔다. 역시 주식투자 열풍에 대해 이야기를 나눴는데 친구는 "누구는 '마이다스의 손'이라는데 나는 항상 '마이너스의 손'"이라고 했다. 친구의 얘기인즉슨 다른 사람이 집을 사면 값이 오르는데 자기가 집을 사면 오히려 떨어지거나 그대로이며, 남들은 주식투자로 돈을 버는데 자기가 주식에 투자하면 항상 손해만 봐서 마음이 쓸쓸

하다는 것이었다.

친구는 주식투자를 할 때 주변 지인들이 추천해준 종목에 주로 투자하는데, 큰 이익을 볼 때도 있었지만 대부분 투자하고 얼마 되지 않아 주가가 떨어져 손실을 봤고, 다시 원금이 될 때까지 힘든 시간을 보냈다고 했다. 그러면서 현직에서 은퇴한 지금 남은 재산을 가지고 어떻게든 살아가야 하는데 미래를 생각하면 암담하다고 했다.

친구의 이야기는 사실 주식투자를 하는 개미들의 일반적인 모습으로 주변에서 이런 사람들을 쉽게 찾아볼 수 있다. 예금이자가 너무 낮으니 주식에 투자해 수익을 좀 보려고 시작했는데 이자는커녕 원금조차 찾지 못한다. 지금처럼 동학개미운동으로 주식시장에서 돈을 번 사람이 많은 것은 결코 흔한 일이 아니다.

나 역시 1987년부터 주식투자를 시작했는데 일반 개미투자자와 크게 다르지 않다. 물론 때때로 상당한 수익을 거두기도 했지만 돌이켜보면 크게 성공적인 투자를 하지는 못한 것 같다. 주변에서 추천해준 주식에 투자하거나 여러 종목으로 포트폴리오를 구성해 투자했는데 어떤 종목은 상장폐지가 되는 바람에 큰 손해를 보기도 했다.

나중에는 재무분석을 바탕으로 기업을 선정하고 투자해 약간의 이익을 봤지만 나 역시 '마이너스의 손'이 아닌가 하는 생각을 여러 번 했다. 그러다 2004년에 펀드로 갈아탔다. 하지만

2008년 글로벌 금융위기를 거치면서 투자한 펀드가 곤두박질치면서 큰 손실을 보고 빠져나와야 했다.

주식투자는 외국인들과 기관들이 장악한 시장이라 슈퍼개미가 아니라면 개인들은 손실을 볼 수밖에 없다. 그러니 전날 상한가를 친 종목에 투자하는 방법을 쓰거나 종목을 추천해주는 곳에 가입해서 투자하는 것이 좋지 않을까 하는 생각까지 하게 되었다. 그런데 전날 상한가를 친 종목이 다음 날 폭락하는 경우가 많아서 위험할 수 있다는 사실을 알게 되었다. 또한 종목을 추천해주는 소위 '리딩방'에 가입해 종목을 추천받더라도 그런 사람이 너무 많으니 동시에 사고 동시에 팔면, 비싼 값에 사고 너무 낮은 가격에 매도하게 되어 결국은 이익을 거두지 못한다는 사실을 깨달았다.

개인은 주식투자보다 부동산에 투자하는 것이 유리하겠다는 생각에 강남의 부동산을 연구하기 시작했다.

부동산시장 역시 어느 시점에는 너무 떨어져서 매수자가 전혀 없는 상태가 되고, 어느 시점에는 너무 오르는 것 아닌가 하는 생각이 들 정도로 가파르게 상승해서 투자를 쉽게 결정할 수 없었다. 부동산투자도 공부를 하고, 추세를 분석하고, 시장의 흐름을 이해할 필요가 있었다.

그렇다면 주식시장이건 부동산시장이건 일반 서민은 돈을 벌수 있는 기회가 전혀 없는 것일까? 부자가 되는 길은 그들만의 리그인 것인가? 내가 만나본 사람들 중에 적은 돈으로 투자를 시작해서 큰 부자가 된 사람들이 분명히 있는데 그들은 과연 어떻게 부자가 되는 기회를 잡은 것일까?

2019년 연말에 나는 핀테크 사업을 정리하면서 투자금을 돌려줘야 하는 상황이었는데 갚을 길이 막막한 상황에서 주가지수를 이용해 투자하는 파생상품 시장에 눈을 돌리게 되었다. 마침 2019년 12월에 중국 우한에서 코로나 바이러스가 발생했는데 전염성이 강하다는 보도가 나왔다.

이전에 중국에 여행을 갔던 기억을 되살려보니 중국 우한에서 발생하는 코로나 바이러스는 중국의 춘제 기간 동안 확산할 가능성이 크다는 생각이 들었다. 그래서 주가가 하락하는 쪽(풋옵션)으로 투자했고, 2020년 1월 말 큰 수익을 내서 그 돈으로 투자금을 돌려줄 수 있었다.

이 사건을 계기로 위기 상황에 돈을 벌 수 있는 기회가 오히려 더 많은 것이 아닐까 하는 생각을 하게 됐다. 우리나라에 찾아온 위기 상황들을 면밀히 살펴본 결과, 거기에 일정한 패턴이 존재하고, 그 패턴을 잘 활용하면 누구나 돈을 벌 기회를 잡을 수 있음을 알게 되었다. 1998년의 IMF 외환위기와 2003년의 IT 버블, 2008년 글로벌 금융위기, 2015년 메르스 사태까지 위기와 그 이후 이어지는 상황들 속에 돈 벌 기회가 존재한다는 사실을 깨달은 것이다.

위기가 발생하면 시장은 패닉 상태에 빠지고 그러면 정부와 기업, 외국인들이 발 빠르게 움직이기 시작한다. 정부가 내놓은 금리 인하라는 처방으로 인해 유동성이 풍부해진 결과 자산시장에 변화의 바람이 불고 그로 인해 큰돈을 벌 기회가 찾아온다. 외국인들은 절대 이런 기회를 놓치지 않는다. 이 사실을 일반인들도 알아차리기만 한다면 '마이너스의 손'이 '마이다스의 손'으로 바뀌는 놀라운 경험을 하게 될 것이다.

주식투자나 부동산투자 같은 자산시장에 투자할 때는 정부의 대응을 읽고, 시중의 유동성의 흐름, 외국인들의 움직임을 이해한 다음 투자 대상을 찾는다면 일반인도 충분히 돈을 벌 기회를 잡을 수 있다는 사실을 꼭 알려주고 싶었다. 부디 이 책에서 살펴본 위기들과 그때마다 나타난 패턴을 이해해 돈을 벌 기회를 찾을 수 있기를 바란다.

끝으로 이 책이 나오기까지 애써준 황덕창 작가와 EBS BOOKS 관계자 여러분께 감사의 마음을 전한다. 또한 힘든 시간을 버텨낼 수 있도록 힘이 되어준 주기쁨교회 공동체 식구들과 이름을 다 열거하기는 어렵지만 지금까지 나를 믿어준 고객들 그리고 마음속에 새겨놓은 여러 지인에게 감사의 마음을 전하며, 그들이 늘 행복하기를 기원한다.

이 책을 내 가장 귀한 안식처인 가정에서 나를 응원해주고, 항상 용기를 낼 수 있도록 힘을 주는 아내 장성아, 딸 혜원, 시원에게 사랑의 마음을 담아 바친다.

2020년 12월
백정선

2부 기회의 패턴
: 코로나19 전후 펼쳐질 기회

1부
위기의 패턴

Opportunity of Money

한국을 뒤흔든
다섯 번의 위기

1장

IMF 외환위기와 신자유주의의 도래
1998년

혹독한 시련의 시작

1997년 11월 21일 밤 10시, 임창열 부총리와 미셸 캉드쉬 국제통화기금IMF 총재는 긴급 기자회견을 열고 한국이 550억 달러(외환위기 당시 환율로는 약 100조 원) 규모의 구제금융을 신청했다는 사실을 공식 발표했다. 그해 7월 태국 바트화의 폭락으로 시작된 아시아 외환위기가 동남아시아를 집어삼키고 당시 우리나라의 금융시장과 직결되어 있던 홍콩 증권시장의 폭락으로 이어지고 있었다. 그 와중에도 우리 정부는 외환보유고에 문제가 없다면서 시장을 안정시키기에 바빴지만 결국 썰물처럼 빠져나가는 달러화에 백기를 들었다. 2007년 당시 한국의 외환보유고는 88억 7,000만 달러였지만 유동외채 비율은 무려 973%였다. 3개월 안에 외국에 갚아야 하는 '달러 빚'이 외환보유고의 무려 9.73배였다는 뜻이다.

정부가 IMF 구제금융을 신청한 다음날, 모 그룹 계열의 생명보험사에 다니고 있던 나는 평소와 마찬가지로 회사에 출근했다. 직원들은 삼삼오오 모여 어제 일을 이야기하고 있었다. 많은 직원들이 궁금해한 것은 "지금 뭘 어떻게 해야 하지?"라는 점이었다. 위기가 닥친 것 같긴 한데, IMF 구제금융이 우리에게 어떤 영향을 미칠지, 어떤 변화를 가져올지에 대해 아는 사람이 별로 없었고, 나 역시 마찬가지였다. 공포와 불안보다는 영문을 모르겠다는 반응이 대부분이었다. 금융사 직원들이 이 정도였으니 일반인들은 당시 어떤 상황이 벌어지고 있는지, 앞으로 어떤 일들이 벌어질지 더더욱 알지 못했을 것이다.

그전에도 큰 위기는 있었다. 1970년대의 두 차례에 걸친 오일쇼크가 대표적이다. 특히 1979년부터 1980년에 걸친 2차 오일쇼크는 한국의 10·26사태 및 12·12쿠데타, 이듬해의 5·18광주민주화운동까지 이어지는 큰 사건들과 겹쳐지면서 한국의 성장률이 최초로 마이너스로 떨어지는 결과를 낳았다.

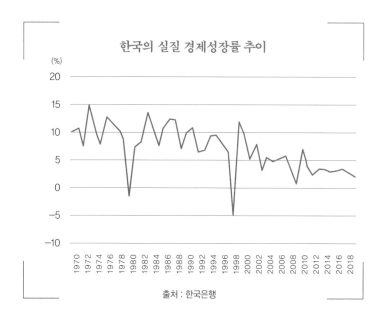

한국의 실질 경제성장률 추이

출처 : 한국은행

IMF 외환위기를 그 정도의 위기로 생각한 사람들도 많았을 것이다. 그렇게 한국 사회는 얼떨떨한 채로, 지금껏 한 번도 경험해보지 못한 거대한 변화의 격랑 속으로 휘말려 들고 있었다.

부도와 구조조정의 쓰라린 기억들

2018년, IMF 외환위기를 소재로 한 영화 〈국가부도의 날〉이 개봉되면서 다시 한번 외환위기가 많은 화제를 모았다. 20년이

지났지만 외환위기는 많은 이들에게 여전히 기억이 생생하다. 2017년 한국개발연구원KDI이 진행한 설문조사에서 지난 50년 간 한국 경제에서 가장 어려운 시기로 IMF 외환위기를 꼽은 응답자가 57.4%였고, 59.7%는 IMF 외환위기가 자신의 삶에 부정적인 영향을 미쳤다고 응답했다. 특히 39.7%는 본인, 부모, 형제 등의 실직 및 부도를 경험했다. 이 책을 읽는 독자 중에도 외환위기와 관련해 쓰라린 기억이 있는 사람들이 많을 것이다.

백 마디 말보다 한 장의 그래프가 더 많은 것을 말해준다. 연도별 취업자 증감 추이 그래프에서 1998년에 패어 있는 깊은

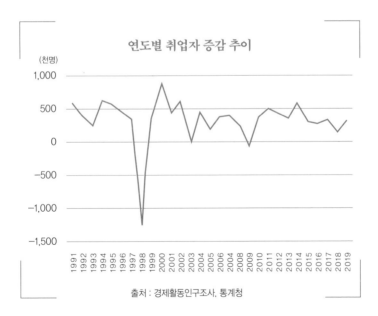

연도별 취업자 증감 추이

(천명)

출처 : 경제활동인구조사, 통계청

골만큼이나 우리는 큰 상처를 입었다.

IMF는 기업 인수 합병의 활성화를 위해 정리해고 제도를 도입할 것을 요구했고 그 결과 평생직장의 개념은 산산조각이 났다. 기업 부채 비율을 200% 이하로 축소해야 했기 때문에 가진 자산을 팔고, 직원들을 내보내고, 남은 직원들의 급여를 줄이는 식으로 쥐어짜는 수밖에 없었다. 한국의 30대 재벌 중 17개가 해체 또는 매각되었고, 공기업도 민영화 수순에 들어가면서 '신의 직장'이라 불리던 공기업에서도 대규모 감원이 이뤄졌다.

내 경우에는 다행스럽게도 다니고 있던 보험사가 외환위기로 큰 위기에 처하지는 않았다. 은행과 달리 보험사는 관치금융으로부터 비교적 자유로웠던 덕에 기업 대출보다는 개인 대출이 많아 그나마 피해가 적었다. 그때나 지금이나 우리나라는 '적금은 깨도 보험은 깨면 안 된다'는 정서가 강하다. 미국 보험사가 지분의 절반을 갖고 있었던 것도 다행이었다. 모그룹도 시멘트 사업이 장기간 호황이었던 덕에 현금이 많았다.

IMF가 발생하고 다음해인 1998년에는 사업 채널의 다각화를 위해 우수한 인재를 뽑으라는 지시가 내려왔다. 기업 줄부도와 대규모 구조조정으로 무차별 실직의 칼바람이 몰아치던 때였다. 이동통신사, 제약회사, 자동차회사, 건설사 등에서 일하던 좋은 인재들이 몰려와서 어떻게 걸러내야 할지 오히려 고민스러울 정도였다. 일자리를 잃은 수많은 사람에게는 새 자리를 절박하게 찾아 헤매야 했던 때지만 우리 회사 같은 경우에는 외환위기가 좋은 인재를 쉽게 영입할 수 있는 기회였던 셈이다.

그중에는 대우그룹에 몸담고 있던 대학 후배도 있었다. 능력도 인물도 출중해서 그룹 회장의 눈에까지 들 정도로 장래가 촉망되던 친구로 당시 결혼을 앞두고 있었다. 대우그룹은 외환위기에도 아랑곳없이 몸집 불리기에 열을 올려 1998년에는 삼성을 제치고 재계 순위 2위까지 치고 올라갔다. 그러나 내부에서는 이미 자금 문제가 터져 나오고 있었다.

구제금융을 신청한 다음날부터 대우그룹은 아수라장이었다. 당장 지급 결제에 문제 생겼고 은행에 찾아가도 뾰족한 수가 없었다. 어떻게든 파국을 막으려고 안간힘을 썼지만 터진 둑처럼 여기저기서 새는 물줄기를 감당할 길이 없었다고 한다.

후배는 6개월간 뒤처리에 매달리다가 결국 회사에서 짐을 쌌다. 1998년 5월에 나를 찾아온 그 친구는 약혼자에게도 파혼을 당한 신세였다. 나는 평소 눈여겨보았던 그를 우리 회사에 입사시켰다.

대우그룹은 결국 1999년에 해체되었다. 하지만 그보다 더욱 가슴 아픈 일들도 많았다. 1990년부터 국내에도 조금씩 주식 투자 붐이 일었고, 1996년 무렵에는 대출로 투자하는 사람들도 꽤 많았다. 우리 보험사도 연봉이 6,000~7,000만 원 수준인 증권사 직원에게는 신용대출로 3,000만 원 정도는 '묻지도 따지지도 않고' 해줬다.

모 증권사에 다니고 있던 한 친구도 이곳저곳에서 대출을 끌어와 주식에 쏟아부었는데, 외환위기로 주가가 폭락해서 막다른 길에 몰렸다. 어떻게든 돈을 마련하기 위해 심지어 주식시장의 작전세력에 가담했지만 실패해서 빚만 더 늘었고, 결국 서른다섯이라는 젊은 나이에 극단적인 선택을 하고 말았다.

신용불량자라고 하면 2000년대 초 신용카드 사태를 많이 떠올리지만 실제로 가장 많은 신용불량자가 나온 시기는 외환위기 직후다. 당시에 이런 일은 아무것도 아닐 정도로 큰 사건들이 많았기 때문에 묻혔을 뿐이다.

정부는 빠지고 시장에 맡겨라

세상에 공짜는 없다. 구제금융도 마찬가지였다. IMF는 혹독한 구조조정과 경제체제의 변화를 요구했다. IMF는 투자 활성화를 위해 외환관리법을 개정해 자본시장을 전면 개방할 것과 투자금 유치를 위해 고금리 정책을 펼 것을 요구했다.[1] IMF 직전 13.5%였던 기준금리는 2월에 23%까지 급등했다. 기업으로서는 사채 이자를 줘야 자금 조달이 가능한 수준이었다. 이 때문에 기업들이 줄부도를 맞자 정부는 석 달 만에 재협상을 요청했고, 그에 따라 IMF는 금융시장 개방을 필두로 우리 사회 시스템의 근본을 바꿔놓는 요구들을 내놓았다. 이를 한마디로 요약하자면 '신자유주의의 완벽한 이식'이었다.

외환위기 이전까지는 국가가 경제를 이끌어나갔다면, IMF 구제금융과 함께 들어온 신자유주의의 기조는 '정부는 빠지고 시장에 맡기라'는 것이었다. 금융자본을 가진 자는 금융시장을 마음껏 휘저을 수 있었고, 자본가는 노동자를 좌지우지하고 심지어 해고도 손쉽게 할 수 있었다. 금융시장에 대한 국가의 통제가 크게 약화하고 은행, 증권사, 보험사의 경계가 무너져 은행에서 보험이나 펀드에 가입할 수 있게 되었다. 세계화와 국제분업도 이 땅에 함께 들어왔다. 중국이나 동남아시아에서 값싸게 제품을 만들어 들여오면 더 싸게 팔거나 더 많은 이익을 남길 수 있는 까닭에, 기업은 생산 기지를 해외로 옮겼고 그만큼 국내의 일자리는 줄어들었다.

기업보다 먼저 IMF의 직격탄을 맞은 곳은 막대한 돈을 빌려준 은행들이었다. 날마다 100여 개의 기업이 도산하면서 채권 회수는 난망한데 IMF의 요구로 은행들은 2~3%에 불과했던 자기자본비율^{BIS}을 8%까지 끌어올려야 했다. 특히 자금 여력이 없던 평화은행, 동화은행과 같은 신생 은행들이 가장 먼저 무너졌다. 동화은행에 다니다 실직한 어느 은행원은 벼랑 끝에 내몰린 당시를 이렇게 회상했다.

"백수가 된 후 거리를 헤매다 집에 오니 아내가 '1만 원밖에 없다'고 하더군요."

오늘의 이디야커피를 일군 문창기 회장의 이야기다.[2]

은행뿐만 아니라 증권사도 부도가 나고, 상호신용금고(지금의 저축은행) 수백 곳이 영업 중단 사태에 이르렀고, 종합금융사는 퇴출 수순에 들어갔다. 경제 붕괴를 막기 위해 정부는 당시 국내총생산GDP의 30%에 이르는 168조 7,000억 원을 투입했는데, 2016년까지 회수된 금액은 3분의 2 수준이다.

IMF가 우리 사회에 남긴 여러 상처 중에서 가장 안타까운 것을 꼽으라면 청년들이 꿈을 잃어버린 점이다. 대학 졸업장만 있으면 취직 걱정은 크게 하지 않아도 되었는데, 취직해서 별일이 없으면 당연히 정년을 채우는 것으로 알았는데, 취업의 문이 갑자기 바늘구멍처럼 좁아졌고 정규직과 비정규직이라는 차별이 생겨났다. 불안한 마음에 공무원, 교사와 같이 안정된 직업을 갖고자 하는 사람들이 크게 늘었다.

취업난은 소비 위축, 삶의 질 하락으로 이어졌다. 삼포세대, N포세대와 같은 자조 섞인 유행어가 등장했고 결혼하고 자녀를 낳아 단란한 가정을 이루는 꿈이 멀어져갔다.

진짜 원인은 우리 사회와 경제의 취약한 구조

평범한 사람들에게 IMF 금융위기는 날벼락처럼 닥쳐왔지만, 대부분의 위기는 발생할 수밖에 없는 원인들이 쌓이고 쌓이다가 어느 순간 폭발한다. 위기의 전조는 이미 1997년 벽두부터 나타나기 시작했다. 1997년 1월, 서울 은마아파트의 건설사로 유명한 한보그룹의 부도가 그 신호탄이었다. 이후 삼미, 진로, 대농, 한신, 기아, 해태, 쌍방울, 뉴코아그룹 등 당시 내로라하던 기업들이 줄줄이 부도를 맞으면서 10개월 동안 무려 8개 그룹이 부도의 늪에 빠졌다.

당시 금융사들도 경제 상황이 심각하다는 것을 알았고 내부에서는 대책 마련에 부심하고 있었다. IMF 구제금융 신청 당시 1,000개 상장기업의 자기자본 대비 부채 비율은 무려 589%에 달했고, 심지어 2,000%, 3,000%나 되는 기업도 적지 않았다. 그런데 1997년 들어 줄부도 사태가 터지니 금융기관들도 멀쩡할 리가 없었다.

나는 당시 생명보험사의 영업부서에서 근무하다가 1997년 9월, 본사 기획부서로 발령을 받았다. 자리를 옮기자마자 받은 지시는 '자금 흐름에 문제가 없는지 점검하라'는 것이었다. 회사 내 자금 담당자들은 기업 채권 회수가 어느 정도나 가능한지, 자금 확보를 위한 방안에는 어떤 것들이 있는지 대책을 마련하느라 비상이었다. '위기관리팀을 만들어야 하는 것 아니냐'라는 의견까지 나왔다. 나 역시 자금 확보를 위한 갖가지 안을 마련하느라 1997년 연말까지 날마다 회사에서 밤을 새우다시피 했다.

경제는 안으로 망가지고 있는데 7월부터 아시아권에 금융위기가 닥쳤다. 1997년 1월, 미국 연방준비은행FRB이 자국 내 과잉 인플레이션을 막기 위해 금리를 인상하면서 미국의 소비가 위축되었고, 그 바람에 한국을 비롯한 수출 주도국들이 타격을 입었다. 저금리였던 미국에서 빠져나와 해외를 돌던 자금, 이른바 '달러 캐리'가 미국으로 되돌아가면서 해외에서 단기자금을 끌어 쓰던 아시아 국가들에 또 다른 타격을 입혔다.

당시 국내에 우후죽순처럼 생겨난 종합금융사들은 일본과 홍콩 등지에서 단기자금을 끌어와 기업 대출로 이자 장사에 열을 올렸고, 기업들은 더욱 겁 없이 빚을 가져다 썼다. 이익을 좇아 세계를 떠돌던 국제 투기자금이 활개치기 좋은 구조였다. 하지만 아시아 금융위기가 터지면서 국제 자금들은 앞다투어 한국을 빠져나갔고, 외환보유고에 직격탄을 날렸다.

IMF 외환위기의 더욱 근본적인 원인은 우리 사회와 경제의 취약한 구조였다.

우리 경제는 1990년대 말까지 여전히 5~10%의 고성장 구간에서 움직이고 있었다. 1987년 6월 민주 항쟁으로 민주화가 꽃피고 표현의 자유가 확대되었고, 사람들이 개인의 권리에 눈을 뜨면서 노동에 대한 정당한 대가를 요구하는 목소리도 커졌다. 중산층은 역대 최고 수준으로 두터워졌다.

1995년에는 1인당 국민소득이 1만 달러를 돌파했고, 1996년에는 이른바 '선진국 클럽'이라는 경제협력개발기구ᴼᴱᶜᴰ에도 가입했다. 국내의 분위기는 드디어 우리나라가 선진국 반열에 들어섰다는 자축 일색이었다.

OECD 가입은 우리 사회와 경제가 세계 질서에 본격적으로 편입된다는 의미가 있었다. 그때 우리 경제와 사회는 세계화 준비가 되어 있었을까? 전혀 그렇지 않았다. 후진적인 경제와 금융, 정경유착과 부패는 여전했다. 정부가 은행을 쥐락펴락하는 관치금융 때문에 빚더미가 쌓인 기업도 정부나 정치권에 연줄이 있으면 은행에 압력을 가해 대출을 받을 수 있었다. 기업들은 재무 건전성 같은 건 신경도 안 썼고, 문어발식으로 인수합병에 열을 올렸다. 고성장 신화에 도취한 한국의 정부, 정치권, 기업, 그 누구도 눈덩이처럼 불어나는 부채를 걱정하지 않았다.

우리 경제는 속으로 골병이 들고 있었다. 1996년의 경상수지는 무려 244억 달러 적자였다. 수출로 먹고사는 나라가 무역 적자를 보니 외채가 1,000억 달러에 이르렀다. 당시 한국은 고정환율제와 변동환율제의 중간 정도 제도인 '시장평균환율제'라는 환율제도를 채택하고 있었다.[3]

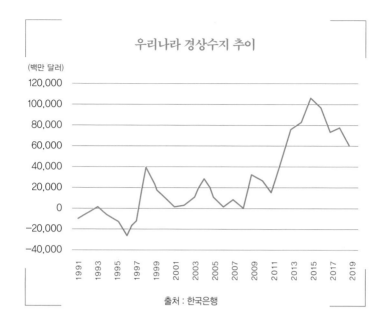

우리나라 경상수지 추이

(백만 달러)

출처 : 한국은행

무역적자로 원화 가치는 떨어지는데 OECD 가입과 국민소득 1만 불 돌파라는 기록에 집착한 정부는 아시아 외환위기가 확산하는 와중에도 외환보유고를 꺼내 달러를 시중에 풀어 원화 가치를 떠받쳤다. 정부는 10월 말에 이르러서야 부랴부랴 금융시장 안정화 대책을 내놓았지만 IMF행 급행열차를 세우기에는 이미 너무 늦었다.

위기는 격차를 벌리고 불평등 문제를 확대한다

외환위기가 터진 직후 집권한 김대중 정부는 시작부터 험난한 길을 걸어야 했다. IMF가 요구한 혹독한 구조조정과 함께 해외 자본을 유치해야 하는 과제까지 떠안았다. 이러한 정부의 사정을 가장 잘 보여주는 일은 1998년 1월 김대중 대통령과 조지 소로스 퀀텀펀드 대표의 만남이다. 아직 당선인일 때였지만 일국의 정상이 헤지펀드의 대표를 만나 직접 투자를 요청했다는 건 어떤 의미일까? 그만큼 체면이고 뭐고 가릴 때가 아니라는 것이다. 더구나 소로스를 필두로 한 국제적 투기자본은 아시아 외환위기를 일으킨 주범이었는데 말이다.

정부로서는 시중에 돈이 돌게 하려면 어떻게든 해외에서 자금을 끌어와야 했다. 그 틈을 노린 것이 바로 일본 대부업체였다. 자국에서는 고금리와 무리한 추심이 사회문제가 되면서 입지가 좁아진 반면, 한국은 외환위기 이후 IMF가 요구한 고금리 정책 때문에 연 40%로 이자를 제한하는 법률이 폐지되었다.[4] 러시앤캐시, 산와머니 같은 업체들이 이 기회를 틈타 한국 시장을 장악했고, 이어서 국내 대부업체들도 우후죽순으로 생겨났다.

위기에서 역전의 기회를 잡은 사람도 있었다. 내 고객 A는 외환위기 이전에 모 재벌그룹 종합상사의 양말사업부에 근무하고 있었다. 당시 종합상사는 별의별 걸 다 팔았지만, 내부에서 '이런 별 볼 일 없는 것까지 팔아야 하나?'라는 문제 제기가 있었고 회사는 결국 양말사업부의 매각을 결정했다. 이때 A는 자기가 갖고 나가겠다고 선언했고, 헐값에 가까운 가격으로 인수해 양말 수출 사업에 뛰어들었다. 그런데 외환위기가 터졌다. 많은 중소기업에서 곡소리가 나는 상황이었지만 A의 사업체는 정반대였다. 원화 가치가 뚝 떨어지면서 양말 수출로 들어오는 달러화를 원화로 바꾸면 이전보다 두 배의 돈을 손에 쥘 수 있었기 때문이다. 그는 외환위기 덕에 오히려 엄청난 현금을 보유할 수 있었다.

A의 대박은 이것으로 끝나지 않았다. 강남역 주변의 빌딩이 헐값에 나오는 것을 보고 손에 쥔 현금으로 3채를 사들였다. 경제가 IMF의 그늘에서 벗어나면서 값이 크게 오른 것은 물론이다. A에게는 외환위기가 인생역전의 기회였다.

당시 실속 있는 수출 사업을 하면서 위기가 지나가기를 기다릴 수 있었던 기업들은 환차익으로 큰 이득을 보았다. 반대로 수입을 하는 회사들은 구매 비용이 두 배로 뛰면서 큰 어려움을 겪었다. 개인 중에도 환율의 피해를 보는 사람들이 속출했다. 내 회사 동료들과 고객 중에서 기러기 아빠들은 원화 가치 폭락으로 갑자기 자녀에게 보내야 할 돈이 두 배로 늘어났다. 미국, 호주, 태국 등지로 아이들을 보냈던 부모들은 결국 버티지 못하고 귀국을 시켰다. 다시 편입학 절차를 밟는 동안 한국에서 몇 달 동안 학교에 다니지 못하는 신세가 된 아이들도 많았다.

위기가 닥치면 그 때문에 추락하는 사람이 있는가 하면 그 덕분에 날개를 다는 사람이 있다. 위기는 격차를 벌리고 불평등의 문제를 더욱 확대한다. IMF 외환위기는 우리 사회의 불평등과 양극화 문제를 본격적으로 드러낸 사건이었다.

자본력을 갖췄다면 이만한 기회도 없다

주식시장은 외환위기 직후 침몰하고 있었다. 월간 기준으로 1997년 5월에 756.77포인트였던 코스피지수는 외환위기 이후 1998년 6월에는 297.88까지 반토막 이상 떨어졌다. 개인이고 기관이고 투자자들은 겁에 질려 앞다투어 주식을 팔아치우고 시장을 떠났다. 그 무주공산을 채운 것은 외국인이었다.

1998년 4월에 외국인 투자 유치를 위한 종합대책이 발표되고 이어서 외국인 주식투자 한도가 폐지되었다. 9월에는 외화매입제한이 폐지되면서 주식시장이 외국 자본에 완전히 개방되었다. 외국인들은 거의 휴지조각이 되어버린 국내 주식을 거저 줍다시피 하며 쓸어 담았고, 같은 해 중반부터 코스피지수는 급등세로 돌아섰다. 국내 투자자들이 다시 돌아왔고 외국인들은 엄청난 이득을 거뒀다.

외국인들이 헐값으로 자산을 쓸어 담은 또 다른 시장은 부동산이었다. 대기업의 잇따른 부도 사태, IMF 구제금융에 따른 혹독한 구조조정으로 기업들이 보유하고 있던 빌딩, 공장, 부지 등이 줄줄이 매물로 나왔다. 개인도 외환위기에 따른 공포감에 대출이자가 13%에서 25%로 급등하면서 빚을 감당할 수 없게 되자 주택 매물이 쏟아졌다. 당시 땅값이 200조 원이나 증발할 정도로 부동산시장 전반이 폭락했고 외국자본들은 헐값으로 국내 부동산을 주워 담았다.

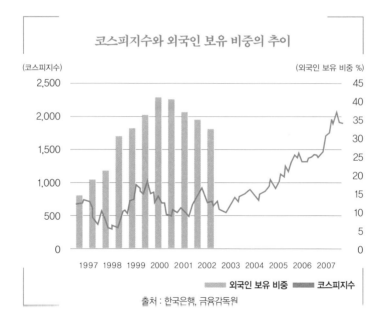

코스피지수와 외국인 보유 비중의 추이

출처 : 한국은행, 금융감독원

외환은행 헐값 매각으로 큰 논란을 일으켰던 헤지펀드 론스타가 한국에 진출한 것도 이 무렵이다. 론스타는 2000년 12월에 동양증권 여의도 사옥을 매입한 것을 시작으로 2001년 SK 여의도 사옥, 2003년에 강남파이낸스센터(지금의 스타타워)와 같은 대형 사무용 빌딩을 사들였다. 시간이 지나고 이들 빌딩이 그야말로 '금싸라기'가 되자 론스타는 막대한 이득을 챙겼다.

우리 정부와 IMF가 고금리 정책을 철회하기로 합의한 후에는 대출금리가 10%대로 떨어졌다. 이자 부담이 낮아지자 매물이 줄어드는 현상이 나타났다. 2002년에는 집값이 반등해 IMF 직전 수준까지 올라갔고, 2006년에는 집값이 크게 올라 이른바 '버블 세븐', '강남불패'라는 말이 유행했다.

어려움에 빠진 개인과 기업들이 내놓은 부동산을 사들인 주요 세력은 외국 자본이라고 했다. 그렇다면 당시에도 돈이 있는 국내 기업이나 개인이 있었을 텐데 이들은 왜 그 자산을 사들이지 않았을까? 더 떨어질 것으로 생각했기 때문이다.

이러한 시장의 움직임을 보면 한 가지 중요한 패턴을 읽을 수 있다. 개인은 급격한 변화가 나타나면 공포에 사로잡히고 시장에는 매물이 쏟아진다. 이때를 노리는 세력들이 있으니 일부 기관과 외국인들이다. 이들은 기다릴 줄 알고, 시장의 공포나 환희에 쉽게 휘둘리지 않는다. 투자가치가 높은 매물이 헐값으로 쏟아지기에 남들이 위기라고 생각할 때가 투자의 기회이기도 하다. 자본력을 갖추고 있다면 이만한 기회도 없다. 이 패턴을 이해하여 과도한 공포나 과열에 휩쓸리지 않고 냉정하게 상황을 판단한다면 개인도 위기를 기회로 바꿀 수 있다.

위기 속 새로운 트렌드
NEW TREND

알뜰하게 저축하면 부자 되는 시대의 종말

적금 들면 손해

외환위기 이전에는 취직하면 열심히 일하고, 알뜰하게 저축하는 것만으로도 부자까지는 못 되어도 중산층으로는 충분히 살수 있었다. 평균수명도 지금처럼 길지 않았으므로 정년까지 일하고 은퇴하면 퇴직금과 저축으로 여생을 보내는 데 별문제가 없었다.

외환위기는 모든 것을 바꿔놓았다. 평생직장의 개념이 사라졌고 알뜰하게 저축하면 잘살 수 있다는 통념도 허물어졌다.

IMF 이전에 재형저축은 14~17% 정도의 금리를 제공했고 일반 정기적금도 두 자릿수의 금리를 제공했다. 소비자 물가상승률을 감안한 실질금리도 4~6% 정도는 되었다.

외환위기가 터진 직후에는 IMF의 요구로 금리가 잠깐 치솟았지만 이후 지속적으로 하락했다. 2008년 글로벌 금융위기를 겪은 이후로는 정기적금의 명목금리는 4% 이하로 떨어졌고, 실질금리도 줄곧 2% 이하에 머물고 있다. 심지어 실질금리가 마이너스가 될 때도 있다. 돈의 가치로 따지면 적금을 드는 게 오히려 손해라는 뜻이다.

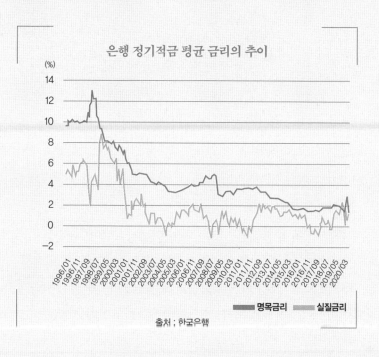

은행 정기적금 평균 금리의 추이

출처 ; 한국은행

명목금리 　실질금리

정년도 보장받을 수 없고, 정년까지 채우고 은퇴한다 해도 길어진 수명 때문에 노후에 필요한 자금은 더욱 늘어난 상황이다. 개인이 이러한 변화에 대처하는 방법은 일해서 버는 수입을 늘리거나 가진 자산을 불리는 것이다. 그런데 실업률이 올라가고 일자리의 질이 나빠지는 상황에서 수입을 늘리기가 어려우니 맞벌이가 늘어났다. 은행의 예적금과 같은 전통적인 방법으로는 자산을 불리기가 힘들어지면서 사람들은 자연스럽게 투자시장으로 눈을 돌렸다. '재테크'라는 말이 유행한 것도 이 무렵이다.

'재테크'라는 말은 1990년대 초에 일본에서 수입되어 쓰이기 시작했지만 그리 유행하지는 않았는데, 외환위기가 재테크에 대한 관심을 불러일으키면서 그야말로 '재테크 붐'을 일으켰다. 은행원도 증권사 직원도 보험설계사도 '노후자금'이라는 말을 입에 달고 살았다. 적금도 상호저축은행 같은 제2금융권이나 특판 적금까지, 사람들은 눈에 불을 켜고 조금이라도 더 많은 이자를 주는 상품을 찾아다녔다.

과거에 부동산 투자 혹은 투기는 이른바 '복부인'이나 하는 것으로 생각했지만 재테크 붐을 타고 중산층도 대거 부동산 투자에 뛰어들었다. 주식시장에도 재테크 붐이 일었다. 지금은 인터넷으로 손쉽게 주가를 조회할 수 있지만 1990년대 말에는 신문에 전날 종목별 주가가 몇 면에 걸쳐 빼곡하게 실렸다. 2000년을 넘어서면서는 서울의 지역별 부동산 시세까지 추가되었다. 그만큼 사람들의 관심이 많아졌다는 뜻이다.

보험도 재테크 수단으로 주목받았는데, 특히 IMF 이후에 종신보험(사망보험)의 인기가 매우 높아졌다. 이전에는 사망 후에 보험금이 나오는 상품은 인기가 없고, 심지어 '사망'을 입에 올리는 것조차도 꺼리는 분위기였지만 2000년부터는 판매가 급증했다. 특히 외국계 보험사였던 푸르덴셜생명이 '명품 종신보험'이라는 이름으로 판매하면서 대박을 터트리자 외국계 회사는 물론 토종 보험사들도 앞다투어 상품을 내놓고 판매 경쟁에 열을 올렸다. 이러한 종신보험의 붐을 타고 능력 있는 보험설계사들은 높은 수익을 올렸다.

외환위기와 구조조정의 태풍 속에서 능력 있는 직원들도 일자리를 잃는 경우가 많았다. 그들은 새 일자리를 찾기도 힘들고 일자리의 질도 떨어지는 분위기에서, 어떻게 하면 돈을 많이 벌 수 있을지를 고민하다가 보험설계사 일에 뛰어들었다. 내가 다니던 보험사도 이런 사람들을 보험설계사로 영입했다.

고객에게 '사망'이라는 껄끄러운 이야기를 해야 할 경우 "당신이 죽으면 얼마를 받게 된다"는 식으로 말하기보다 "부부의 노후 생활비는 물론 자녀가 모두 독립하기 전까지 어느 정도의 생활비가 필요한데, 지금 소득으로는 그만큼 모을 수 없으니 위험에 대비하기 위한 보장이 필요하다"는 식으로 돌려서 접근했다. 말솜씨가 좋고 고급스러운 이미지를 가진 설계사들이 실적도 좋아서 전에 다니던 직장에서보다 훨씬 많은 돈을 벌었다.

'저축은 국력'이라는 표어 아래 알뜰히 저축하는 게 미덕이던 시대는 외환위기와 함께 가버렸다. 바야흐로 주식, 부동산, 보험을 넘나들면서 한푼이라도 더 벌기 위해 무한 경쟁을 벌이는 재테크 전쟁의 시대가 열린 것이다.

2장

IT 버블과 지식 기반 경제
2003년

진취적인 인재들의 시대

1999년 4월, 개그맨이자 영화 제작자인 심형래 씨가 출연한 TV 광고가 큰 화제가 되었다. 당시 그는 〈용가리〉라는 괴수 영화를 만들면서 우리나라 SF 영화 제작 기술을 한 단계 끌어올렸다는 평가를 받았고, 그 덕에 '신지식인' 1호로 선정되어 정부가 제작한 광고에 출연했다. 당시 새로운 도전의 상징이 된 그의 이런 말이 항간의 유행어가 되기도 했다.

"못 해서 안 하는 게 아니라 안 하니까 못 하는 겁니다."

신지식인은 1999년 김대중 정부가 광복 50주년을 맞아 추진한 '제2의 건국' 프로젝트의 하나로, 스펙에 관계없이 창의적이고 진취적인 아이디어로 가치를 창출해 사회적으로 공유한 인재를 선정하는 제도다. 기존의 인재상에서 벗어나 새로운 기준에 맞는 새로운 인재를 발굴하여 신성장동력의 한 축으로 삼는다는 취지로, 스펙이나 분야에 관계없이 다양한 분야의 인재들이 신지식인으로 선정되었다.

나도 1999년에 금융 분야의 신지식인으로 선정되었다. 당시 내가 근무하던 보험사는 IMF 이후 외국계 보험사의 시스템 도입을 추진하고 있었는데, 고객들이 궁금해하는 정보를 보험사가 제공하는 속도가 느렸다. 보험료가 제대로 입금되었는지 궁금해도 고객은 지난달 것까지만 확인할 수 있었다. 나는 회사가 도입하는 시스템에 실시간 반응 시스템을 추가해 전날 정보까지 확인할 수 있도록 기능을 개선했다. 또한 당시 보험설계사들은 보험 상품의 정보 제공에만 머물러 있었지만 영업 조직을 개편해서 재테크 상담도 하는 새로운 판매 채널을 도입했다. 이런 실적을 인정받아 나는 보험업계의 신지식인으로 선정될 수 있었고, 청와대 초청 행사에도 참석했다.

2000년에는 '한국신지식인협회'라는 단체가 생기고 신지식인들끼리 교류의 장도 열려 나도 여러 분야의 다양한 신지식인들과 만날 수 있었다. 그중에는 정말 창의적인 아이디어로 세상을 바꿀 만한 뛰어난 인재, 남들 눈에는 소소해 보일지 모르지만 자기 분야에서 새로운 발상으로 혁신을 가져온 인재들이 많았다. 반면 고개를 갸우뚱하게 만드는 사람들도 있었다. 마침 미국에서 시작된 이른바 IT 버블이 우리나라로 번지면서 주식 시장에 버블이 끼기 시작하던 시기였다. 우리나라에도 정보통신IT 산업을 중심으로 한 벤처기업 붐이 한창이었는데 그중에는 '저게 사업이 되나?' 싶은 것들도 적지 않았다.

신지식인 모임에서 알게 된 어느 사업가는 농산물을 직거래로 유통하는 사업 모델로 수십억 원의 벤처 투자를 받았다. 지금 돈의 가치로 보면 100억 원이 넘을 것이다. 그런데 막상 속을 들여다보면 별로 새로울 게 없었다. 소비자에게 주문을 받아 생산자와 연결해줌으로써 농산물 유통을 단순화했다는 게 신지식인 선정의 근거였는데, 그런 모델은 이전에도 있었다. 차별점이라면 판매하는 농산물에 어울리는 그럴듯한 이름을 짓고 기억하기 쉬운 전화번호를 만든 것이었는데, 그런 정도로 수십억 원의 투자를 받은 것이다. 지금 생각해보면 당시 신지식인 선정은 '새로운 것'에 지나치게 치중한 나머지 실제 가치에 대한 검증은 소홀한 면이 있었다.

사업계획서 하나 그럴싸하게 쓰면 벤처 투자자가 줄을 서는 시대였으니 그랬을 수도 있다. 막대한 투자금을 받았으면 내실을 쌓거나, 부가가치가 있는 새로운 사업을 발굴했다면 의미가 있었겠지만, 당시 벼락부자가 된 벤처 사업가 중에는 그런 데는 관심이 없는 사람들도 많았다.

당시 IT 버블의 혜택을 가장 많이 받은 곳을 꼽으라면 IT 벤처기업들이 모인 테헤란로 일대의 유흥가라고 할 수 있을지도 모르겠다. 유명 유흥업소들의 경우 아예 몇몇 벤처기업들이 전용 룸까지 두고 밤마다 거액을 뿌렸다는 전설 아닌 전설이 돌 정도였다.

나 역시 신지식인들과 교류하면서 이런저런 모임에 불려 다녔는데, 가끔은 유흥업소에서 벌어지는 일들에 어안이 벙벙했다. 같은 신지식인이라도 직장인은 수입이 빠했으니 몇십억 원, 심지어 100억 원 이상의 투자를 받은 사람들이 돈을 쓰는 스케일은 상상을 초월했다.

벤처기업과 코스닥이 일으킨 IT 버블

외환위기와 구제금융이라는 무거운 짐을 떠안은 김대중 정부가 들어선 직후인 1998년부터 2003년까지, 우리 경제에는 두 가지 거품이 들끓었다. 하나는 미국에서 시작된 닷컴.com버블의 한국판이라고 할 수 있는, IT 버블을 한 축으로 한 주식시장의 거품이었고, 다른 하나는 '묻지마' 신용카드 발급이 가져온 소비 거품이었다. 이 두 가지 거품을 차례대로 들여다보자.

김대중 정부의 제1과제는 외환위기와 IMF 구제금융 체제로부터 하루빨리 탈출하는 것이었다. 그 방법으로는 금리를 인하하고 시장을 개방함으로써 자본시장을 활성화하는 것이 있다. 이를 통해 은행과 기업이 정상화되면 IMF 체제를 졸업할 수 있지만 망가진 시스템을 정상화하는 정도의 의미에 그친다. 위기 탈출을 넘어서 우리 경제가 제2의 도약을 하려면 어떻게 해야 할까? 이를 위해 김대중 정부는 '지식 기반 경제'를 선택했다.

정부는 마침 미국을 시작으로 세계적으로 꿈틀대고 있던 인터넷 기반 정보통신 산업, 그리고 벤처기업 열풍에 주목했다. 정부는 외환위기 극복을 위한 경제정책의 첫 번째 카드로 5년간 벤처기업 2만 개의 창업을 지원하겠다고 발표했다. 창업 벤처기업은 사업계획서 하나로 3억 원을 지원받을 수 있었다. 벤처기업이 코스닥에 상장되면 5년간 법인세를 50%나 감면해주는 파격적인 지원 방안도 내놓았다.

이 꿈틀거리는 시장에서 새로운 기회를 찾는 사람들의 벤처 창업 붐이 폭발했다. 제조업은 생산시설이 필요하고 서비스업은 사무실이나 매장이 필요하지만 인터넷 벤처는 컴퓨터와 작은 공간만 있으면 그만이므로 창업에 부담이 없었다. 당시 벤처 창업의 본진이었던 서울 테헤란로 일대에서는 벤처기업들이 빠르게 늘어났고 미국 실리콘밸리에서 이름을 따와서 '테헤란 밸리'라는 별명이 붙었다.

벤처 창업 열풍이 불고 상장이 쉬워지면서 코스닥 시장은 급상승했다. IT 버블이 절정에 다다른 2000년 3월 10일에는 장 종료 기준으로 코스닥지수가 2,834.40포인트, 장중에는 2,925.20포인트로 역대 최고치까지 치솟았다. 같은 날 코스피지수가 891.36포인트였으니 코스닥 규모가 코스피의 무려 2.2배나 되었다. 이후 20년이 지난 지금까지도 코스닥은 물론 코스피도 여기까지는 한 번도 가보지 못했다.

코스피지수, 코스닥지수, 나스닥지수의 추이

출처 : e-나라지표

활활 타오르는 코스닥 열풍을 타고 스타덤에 오른 벤처기업들도 속속 등장했다. 대표적인 예가 골드뱅크다. 인터넷으로 '광고를 보면 돈을 준다'는 사업 모델로 등장한 골드뱅크는 150만 명이나 되는 회원을 모았고 1998년 10월에 창업 후 최단기간 코스닥 상장이라는 기록을 세웠다. 상장 첫날 900원이었던 주가는 무려 16일 연속 상한가를 기록했다. 연말에는 9,000원을 넘어서더니 1999년 2월에는 6만 원, 5월 중순에는 31만 2,000원까지 올랐다.[5] 7개월 만에 무려 340배 넘게 오른 것이다.

인터넷 무료 전화인 '다이얼패드'를 내세웠던 새롬기술은 한때 주가가 28만 원(액면가 한 주당 500원)을 넘었다. 여러 번 무상증자로 액면가를 분할했기 때문에 상장 때 액면가 5,000원짜리 1주를 가지고 있었다면 무려 280만 원이 넘게 된 것이다. 새롬기술의 오상수 사장은 삼성 이건희 회장에 이어서 국내 부자 순위 2위에 등극하기도 했다.[6] 엔터테인먼트 전문 포털을 내세웠던 인츠닷컴의 이진성 대표[7]도 코스닥 대박으로 400억 원에 이르는 현금을 거머쥐었다. 그 밖에도 여러 벤처의 CEO들은 아이디어 하나로 단숨에 엄청난 부를 거머쥐었다.

평범한 사람들도 벤처 주식에 투자하면 수십, 수백 배의 수익을 거둘 수 있으리라는 기대에 부풀었다. 심지어는 '디지털'이라는 이름만 붙으면 사람들이 몰려들기도 했다. 당시 《조선일보》는 자사의 신문 콘텐츠를 온라인으로 보여주는 '디지틀조선'이라는 자회사를 만들었는데 '디지털'이 들어간 이름 때문에 이 회사의 주가조차도 코스닥 상장 후 하염없이 올랐다.

그러나 세상에 공짜는 없다. 2000년 3월의 정점을 지나자 코스닥은 그야말로 자유낙하 수준으로 추락하기 시작했다. 2,834.40포인트까지 치솟으며 3,000선을 넘보던 코스닥지수는 한 달 만인 4월 14일에는 1,958.70포인트로 2,000선이 무너졌고, 4개월 만인 7월 6일에는 1,408.30포인트로 반토막이 났다. 그해 연말에는 525.80포인트까지 떨어졌다. 정점 대비 무려 81.4%나 폭락한 것이다. 이렇게 순식간에 무너진 이유는 거액의 투자자금을 유치한 스타 벤처들의 민낯이 속속 드러났기 때문이다.

새롬기술은 미국 시장에까지 진출한 다이얼패드가 계속해서 적자를 기록했다. 새로 설립하거나 인수한 자회사들도 적자를 면치 못하면서 회사 전체가 부실의 늪에 빠졌다. 벤처 투자 열풍기에 3,700억 원의 막대한 현금을 거머쥐었지만 2,000억 원 이상을 밑 빠진 독에 쏟아부은 끝에 분식회계 의혹을 둘러싼 내부 소송까지 벌어졌다. 한때 이건희 회장에 이어 국내 2위 부자였던 오상수 사장은 징역 2년 6개월을 선고받고 감옥에 가는 신세로 전락했다.

골드뱅크도 애초에 수익이 날 수 없는 비즈니스 모델이었다. 지금도 모바일로 광고를 보면 돈을 주는 서비스가 있지만 한 번에 주는 돈은 10원도 안 된다. 당시 골드뱅크는 한 번에 50원, 100원 이상을 적립해줬다. 지금보다 인터넷 광고시장이 훨씬 작았던 당시에 그런 무리한 서비스는 회원이 늘면 늘수록 오히려 적자가 커지는 구조였다. 여기에 막대한 현금으로 인수한 회사들도 적자를 면치 못했다. 한편으로는 정치자금 연루, 주가 조작설 같은 비리 의혹으로 검찰 수사를 받은 김진호 대표는 결국 2002년에 횡령 및 배임 혐의로 수감되었다. 닷컴 열풍의 또 다른 스타였던 인츠닷컴의 이진성 대표도 공금을 횡령한 혐의로 2002년 실형을 선고받았다. 그 밖에도 정현준, 진승현, 이용호 게이트 등이 터지면서 닷컴 열풍 속에 가려졌던 온갖 부정부패가 드러났다.

한때 스타 대접을 받았다가 순식간에 몰락한 기업들은 대부분 수익을 내는 비즈니스를 개발하기보다는 코스닥을 통해 계속 자금을 끌어모으는 방법을 찾는 데 골몰했다. 주가가 올라가면 무상증자를 통해 주가를 액면분할한다. 예를 들어 주가가 50만 원일 때 주주에게 1주당 9주를 무상으로 주는 무상증자를 하면 액면가는 5만 원으로 내려간다. 그러면 주가가 싸 보이니까 다시 투자자들이 몰려든다. 주가가 다시 많이 올라가면 또 무상증자로 액면분할을 하고 계속 투자자들을 끌어들이는 것인데 이쯤 되면 사기에 가까운 수법이다.

이에 관한 희대의 사건으로 리타워텍 사건이 있다. 2000년 초, 하버드대학 경제학과 출신의 최유신이 벤처기업계에 혜성처럼 나타났다. 그는 리타워텍이라는 회사를 만든 후 이미 코스닥에 상장돼 있던 보일러 송풍기 회사 파워텍을 인수해 우회상장한 후 비즈니스 테크놀로지 및 기업간거래(B2B) 토털 솔루션 그룹이라는 거창한 목표를 내걸고, 이후 6개월 동안 무려 20개의 벤처기업을 인수했다. 파워텍 인수 당시인 2000년 1월 리타워텍의 주가는 2,240원이었는데, 34일 연속 상한가를 치면서 2000년 5월에는 무려 32만 원까지 140배나 치솟았다.

최유신은 어떻게 반년 만에 20개나 되는 기업을 인수할 수 있었을까? 인수 대상 기업은 아직 상장도 안 했고, 리타워텍은 이미 주가가 크게 올라 있었다. 상대 기업의 지분을 다수 인수하면서 같은 가치의 리타워텍 주식을 주는, 주식 맞교환으로 현금을 별로 들이지 않고 손쉽게 인수할 수 있었다. 회사를 인수하면 유상증자를 해서 투자금을 끌어모으고 그 돈으로 다른 회사를 인수하는 식으로 몸집을 불렸다. 그렇다면 리타워텍은 돈을 벌고 있었을까? 2000년의 매출은 23억 원인 반면 적자는 무려 1조 5,000억 원이었으니 이런 기업이 무사할 리 없다. 2003년 3월 리타워텍은 상장폐지를 당했고, 리타워텍의 주식은 주당 20원에 정리매매로 휴지조각이 되어버렸다.

거품이 꺼지면서 투자자들도 막대한 피해를 보았다. 거품이 정점에 다다르기 전까지는 벤처 주식에 투자해 대박이 난 사람들도 많았다. 종목 선택을 할 때 당연히 확인해야 하는 지표인 PER^Price Earnings Ratio(주가수익비율), PBR^Price on Book-value Ratio(주가순자산비율) 같은 것은 아무도 묻지도 따지지도 않았다. 아침에 일어나면 '어느 종목을 찍지?' 하고 말 그대로 찍기 수준으로 투자를 했고, 투자한 주식이 급등하면 "오늘 내가 쏜다!" 하고 당장 부자가 된 것처럼 행동하는 이들도 주변에 많았다.

급등기에 투자해 거품이 꺼지기 전에 빠져나왔다면 정말로 큰돈을 벌 수 있었을 것이다. 문제는 빠져나오지 못한 사람들, 특히 막판에 뛰어든 사람들이다. 폭락장에서는 주식을 팔려고 해도 잘 나가지 않는다. 게다가 사람들은 손실을 보면 이를 만회하려는 심리가 강해진다. 지금의 상황을 일시적이라 생각하고 곧 주가가 회복될 것이라고 합리화하는가 하면, 손실을 만회하기 위해 '지금 많이 싸졌으니까 더 많이 사면 더 많은 돈을 벌 거야'라고 자기 최면을 걸면서 오히려 투자를 늘렸다가 손실 규모를 더 키우는 사람들도 있다.

앞서 이야기한 리타워텍도 주가가 32만 원까지 뛰었을 때 지금까지 올랐으니 앞으로도 더 오를 것으로 믿고 샀던 사람들은 주가가 폭락하자 속수무책이었다. 손실이 크니 손절매도 차마 못 하고 다시 오르기만을 기다렸던 사람들, 주가가 하락할 때 이 정도면 많이 떨어졌으니 다시 오를 거라고 생각하고 들어갔던 사람들은 최고가의 1만 분의 1도 안 되는 주당 20원으로 끝장이 났다. 재무제표를 한 번만 제대로 봤어도 그런 휴지 조각을 붙들고 있지는 않았을 것이다.

IT 버블과 벤처 열풍이 가져온 긍정적인 효과

여기까지만 보면 IT 버블과 벤처 열풍은 우리 사회와 경제에 큰 후유증을 안겨준 부정적인 사건으로만 인식되기 쉽다. 그러나 벤처 열풍은 한편으로 우리 산업의 체질을 바꿔놓은 긍정적인 효과도 분명히 가져왔다. 2020년 10월 말 기준으로 코스피의 시가총액 순위를 살펴보자.[8]

　IMF 외환위기 직전인 1997년과 2020년의 코스피 시가총액 상위 10개 종목을 비교해보면 그 차이를 뚜렷이 알 수 있다. 1997년의 상위 10개 종목은 재벌 대기업 계열사, 은행, 그리고 국민주 공모를 통해 상장한 공기업 한국전력과 포스코(구 포항제철)로 구성되어 있다. 반면 2020년의 상위 10개 종목 가운데는 재벌 대기업과 관련 없는 네이버, 셀트리온, 카카오가 포진하고 있다. 네이버와 카카오는 말할 것도 없는 닷컴 벤처 1세대이고 바이오 기업인 셀트리온은 대우그룹 해체로 직장을 잃은 서정진 회장이 몇 번의 실패를 딛고 2002년에 창업한 회사다. 닷컴 열풍과 벤처 붐이 아니었다면 이들의 자리는 아직도 기존

재벌 대기업의 계열사들이 차지하고 있을지도 모른다.

닷컴 열풍을 틈타 사업성이 불확실하거나 심지어 수익을 낼 수 없는 사업 모델로 벤처 열풍에 편승하고, 내실을 키우기보다는 주가를 끌어올리는 데만 골몰한 기업들은 IT 버블을 키웠고

시가총액 순위 변동 추이

순위	1997년 1월			2020년 10월	
	종목	시가총액(억원)		종목	시가총액(억원)
1	한국전력	162,562		삼성전자	3,593,809
2	삼성전자	40,010		SK하이닉스	610,794
3	포항제철	35,964		NAVER	470,615
4	한국이동통신 (SK텔레콤)	26,143		LG화학	458,850
5	대우중공업	19,082		삼성전자우	438,599
6	데이콤 (LG유플러스)	14,257		삼성바이오로직스	420,809
7	신한은행	13,798		현대차	356,826
8	외환은행	13,382		셀트리온	321,285
9	엘지반도체 (SK하이닉스)	13,235		카카오	300,043
10	삼성전관	13,006		삼성SDI	291,905

2020년 10월 23일 종가 기준

결국 거품이 꺼지자 순식간에 몰락하고 말았다. 하지만 그 속에서 지속적인 수익을 낼 수 있는 길을 찾아낸 기업들은 살아남아 전통적인 제조업에 기대고 있던 산업의 구조를 정보통신 분야로 확장해 경제 생태계를 키우는 긍정적인 변화를 이끌어냈다. 중국이 제조업 분야에서 무서운 속도로 치고 올라오는 현실을 생각하면 당시 산업 구조의 변화는 우리에게 꼭 필요했다는 사실을 절감하게 된다.

"여러분 부자 되세요!" 그 끝은 신용불량자

BC카드는 2001년 하얀 눈밭에서 배우 김정은이 "여러분, 부자 되세요!"라고 외치는 연말연시용 TV 광고를 내보냈는데 그 한마디 말은 당시 최고의 유행어가 됐다. IMF 체제 속에서 힘든 나날을 보내던 사람들에게 '부자 되세요'라는 말은 그야말로 '사이다'였던 것이다.

대박 부자의 꿈이 펄펄 끓어올랐던 코스닥 열풍의 한편에서는 소비 열풍이 그 못지않게 펄펄 끓고 있었다. 그 핵심은 묻지도 따지지도 않고 발급된 신용카드였다. 1990년 우리나라에서 발급된 신용카드 수는 1,000만 장이 약간 넘었고 10년 후인 2000년에는 5,780만 장이었지만 2002년에는 무려 1억

400만 장으로 두 배 가까이 급증했다.

　당시 정부는 국내 소비를 끌어올리기 위해 신용카드 사용을 장려했고 카드 모집 규제를 확 풀어버린 데다가 카드를 사용하면 소득공제 혜택까지 주는 제도도 이때 마련했다. 카드사들은 길거리에 가판대를 펼쳐놓고 사람들을 끌어모았고, 소득이 없는 무직자나 대학생들도 신청서 한 장만 쓰면 한도가 몇백만 원이나 되는 신용카드를 발급받을 수 있었다.

　신용카드 발급 경쟁은 내수 소비를 활성화하는 데는 기여했지만 엄청난 부작용이 뒤따랐다. 소득은 없어도 당장 신용카드

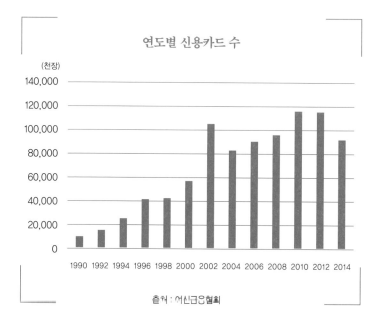

연도별 신용카드 수

출처 : 여신금융협회

로 소비 욕구를 채울 수 있었기 때문에 IMF 외환위기로 그동안 억눌러온 소비 욕구가 폭발했다. 남자들은 자동차와 유흥에 대한 소비가 늘었고, 여자들은 명품 소비가 빠르게 늘었다. 당시만 해도 수입 승용차를 타는 사람은 별로 없었지만 2002년경부터 거리에 외제 차가 눈에 띄게 늘었고 명품 가방을 든 사람들도 많아졌다.

단순한 물품 결제만이 아니라 현금서비스도 큰 폭으로 증가해 2002년에는 전체 카드 이용액이 623조 원이었는데 그중 현금서비스 이용액이 357조 원으로 절정에 이르렀다. 이후 13년

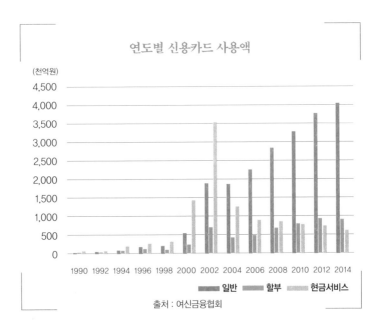

출처 : 여신금융협회

이 지난 2015년에 가서야 연간 전체 사용액이 629조 원으로 2002년의 기록을 넘어섰다.

당시 한 연예인과 상담하는 과정에서 그가 매달 현금서비스를 이용한다는 것을 알았다. 왜 매달 썼냐고 물으니 대답이 걸작이었다. "그거 신용카드사가 서비스로 주는 거 아닌가요?"

현금서비스만이 아니라 카드론도 많이 썼다. 신용등급이 5등급이나 6등급인 사람도 카드론을 몇백만 원씩 받을 수 있었다. 그때 아는 사람 중 한 명도 카드를 여섯 개나 만들어 한 회사당 500만 원씩 3,000만 원을 받았다. '이자만 조금 내면 되겠지' 하는 생각으로 손쉽게 카드론을 받았지만 카드빚을 감당 못 해서 퇴직금을 중간 정산해 갚아야 했다. 그만큼 사람들은 신용카드에, 금융에 무지했는데 그런 사람들에게 어마어마한 무기가 주어진 셈이다. 사람들은 그게 얼마나 위험한 무기인지도 모르고 마구 쏘아댔고 그 끝은 연체였다.

당시 가장 많은 회원을 보유한 LG카드는 2003년 말 연체율 24%, 2004년 말에는 25%를 기록했다. 네 명 중 한 명이 카드 대금을 1개월 이상 연체한 것이다. 이 시기에 현금서비스 사용액이 치솟은 것도 대금 연체에 따른 돌려막기가 주요한 원인이었다. 1999년에 1인당 카드 수는 1.79장이었지만 2002년에는 4.57장으로 2.5배 넘게 뛰었다. 소득에 비해 너무 많은 소비를 해버린 사람들은 이 카드의 결제일이 되면 저 카드로 현금

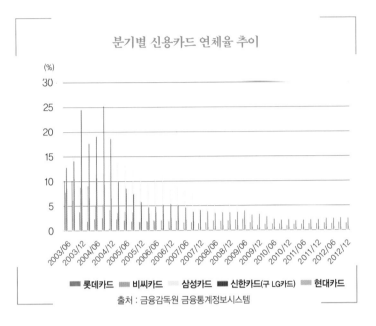

분기별 신용카드 연체율 추이

출처 : 금융감독원 금융통계정보시스템

서비스를 받아서 막는 돌려막기로 버텼다. 하지만 원금은 줄이지 못하고 오히려 현금서비스 액수만 점점 커지면서 결국에는 연체의 늪에 빠졌다.

1997년 말 143만여 명이었던 신용불량자가 2003년에는 372만 명까지 치솟았다. 당시 인구가 3,000만 명대였던 것을 생각하면 전체 인구의 약 10%가 신용불량자였다는 의미다. 이 중 신용카드가 원인이 된 신용불량자가 239만 명으로 전체 신용불량자 대비 60%가 넘었다.

연체율 급증은 카드사의 위기로 이어진다. 당시 가장 많은 회원을 거느리고 있었던 LG카드는 연체율 급증으로 부도 위기에 몰린 끝에 워크아웃으로 산업은행에 넘어갔다가 신한은행에 인수, 신한카드로 흡수되었다. 다음 장에서 이야기할 2008년 미국발 글로벌 금융위기도 갚을 능력이 없는 사람들에게 마구잡이로 주택담보대출(모기지)을 해줬다가 연체율이 급증하자 모기지 회사들이 파산하고, 주택담보대출을 이용한 파생상품들이 줄줄이 손실을 보면서 월스트리트 전체로 위기가 확산한 것이 원인이었다. 우리나라는 비슷한 사태를 신용카드로 겪은 셈이다.

더욱 거세진 재테크 열풍

펀드 열풍의 대표주자 바이코리아

1990년대부터 조금씩 불기 시작한 재테크 바람은 IMF 외환위기로 평생직장의 개념이 깨지면서, 그리고 IT 버블이 일면서 바람에서 태풍으로 바뀌었다. 코스닥 투자에 직접 뛰어드는 사람들도 많았지만 간접투자 상품, 즉 펀드 열풍도 불었다. 1999년에 현대증권(지금은 KB증권에 합병되었다)이 내놓은 바이코리아 Buy Korea 펀드가 그 대표주자였다.

외환위기의 여파로 코스피지수가 270까지 떨어진 상태였는데, 당시 현대증권 대표였던 이익치 회장은 2005년에는 코스피가 6000까지 갈 것이라고 호언장담하면서 펀드 판매에 나섰다. 당시 한 광고가 사람들에게 큰 충격을 주었는데, 국내 주식시장 총액이 일본의 통신회사인 NTT 하나만도 못하다는 내용이었다. 바이코리아 펀드는 54일 만에 무려 5조 원을 판매하는 엄청난 인기를 끌면서 펀드 열풍의 시작을 알렸다. 그 후 1999년과 2000년에 걸친 닷컴 열풍으로 바이코리아 펀드는 한때 100% 수익률을 기록하는 공전의 히트를 쳤지만 거품이 꺼지면서 −77%까지 손실이 발생한다.

바이코리아 펀드 열풍의 배턴을 이어받은 주자는 미래에셋이다. 박현주 미래에셋 대표는 2000년대 초반 디스커버리, 인디펜던스 펀드를 출시해 2007년에는 1,000% 퍼센트에 이르는 수익률을 기록하기도 했고, 이어 내놓은 중국 펀드도 큰 폭의 수익률을 기록하면서 투자계의 스타로 올라섰다. 그 절정은 인사이트 펀드였다. 투자 대상을 미리 정하지 않고 어디에나 투자하는 인사이트 펀드가 나오자 사람들은 다시 한번 박현주 대표의 대박 신화를 기대했고, 펀드를 판매하는 창구 앞에는 사람들이 한 시간 이상씩 줄을 서기도 했다. 그러나 단 3주 만에 무려 4조 원이라는 기록적인 판매 실적을 기록한 인사이트 펀드는 중국 증권시장의 거품 붕괴, 2008년 금융위기로 −50%가 넘는 손실을 기록했고, 2014년에야 겨우 원금을 회복했다.[9] 인사이트 펀드의 실패와 함께 펀드 열풍도 잦아들었다.

바이코리아 펀드는 이후 푸르덴셜자산운용으로 넘어가 '나폴레옹징통액티브펀드'로 이름을 바꿨었고, 다시 한화지산운용으로 넘어가 '코리아레전드펀드'로 이름이 바뀐다. 그런데 바이코리아 펀드 출시 13년 후인 2012년에 이 펀드의 수익률이 430%라는 것이 밝혀졌다. 만약 1999년부터 이 펀드를 가지고 있었다면 복리 기준으로 해마다 11.9%의 수익을 낸 것과 같다.[10] -77%라는 엄청난 손실을 보고도 펀드를 해지하지 않고 버티고 있었다면 원금의 4.3배를 벌 수 있었을 것이다. 펀드에 가입할 때 장기투자의 관점이 왜 필요한지를 보여주는 사례라고 할 수 있다.

대박의 꿈을 좇아서

한편으로는 부동산 재테크 열풍도 불기 시작했다. 특히 주식시장의 거품이 꺼지는 시기에 분양가 상한제가 폐지되면서 주택에 투자 수요가 몰리기 시작했다. 과거에는 주식을 하는 사람은 주식만, 부동산을 하는 사람은 부동산만 했다면 이제는 부동산이 달아오르면 부동산으로 갔다가, 부동산이 가라앉으면 주식으로 옮겼다가, 주식시장이 식으면 다시 부동산으로 가는 패턴이 본격적으로 나타났다. 주택 말고도 개인들 사이에서는 땅 투자 열기도 뜨거웠다.

2004년과 2005년경에는 삼성동에 이른바 '기획부동산'이 우후죽순으로 생겼다. 이런 기획부동산들은 신도시, 온천 발견과 같은 개발 호재를 내세우고 그럴싸하게 만든 관공서 서류를 증거로 보여줬는데 그러면 사람들은 그 땅이 정확히 어디에 있는지 가보지도 않고 허겁지겁 사들였다. 한 기획부동산은 맹지에 신도시가 들어선다는 소문을 퍼뜨려 30만 평을 500평씩 잘라서 팔았다. 기획부동산은 평당 1,000~2,000원이라는 헐값을 주고 땅을 사서 많게는 평당 20만 원까지 받고 팔았다. 원래는 30만 원을 받아야 하지만 할인해준다는 말에 속아서 산 사람 중 대부분이 의사, 변호사, 교수와 같은 전문직 종사자들이었다.

그 시기에 어느 전문직 단체에서 의뢰가 들어와 재무 관련 강의를 했는데, 행사가 끝나고 나서 한 분이 찾아와 상담을 부탁했다. 그는 기획부동산에 속아서 강원도와 경기도, 충청도 등 이곳저곳에 땅을 샀다고 했다. 그나마 쓸만한 건 딱 한 곳뿐이고 나머지는 맹지였다. 이런 맹지에 대해서는 나로서도 해줄 말이 없었다. 그나마 최선의 방법은 계속 쥐고 있으면서 세금만 내느니 헐값으로라도 처분하는 것이지만 이런 맹지는 아무리 헐값으로 내놔도 팔기가 힘들기 때문이다.

사람들이 투자에 관심을 가지는 것은 시대의 변화에 따른 당연한 일이고, 한편으로는 우리 경제에 긍정적인 면도 많다. 문제는 준비도 공부도 안 된 상태에서 대박의 꿈만 좇아 투자에 나서는 것이다.

주식시장에서는 거품이 끓을 대로 끓은 시장에 뛰어들었다가 거품이 꺼지면서 막대한 손해를 보고, 펀드는 과거에 잘나갔으니까 앞으로도 잘나가겠지 하는 생각에 덮어놓고 가입했다가 손실이 나면 기다리지 못하고 해지한다. 부동산시장에서는 기획부동산에 속아서 도대체 내가 어디에 투자하는지 실체도 모르고 돈을 넣었다가 말도 안 되는 맹지를 사서 오도 가도 못하는 신세가 된다.

이른바 '엘리트'로 꼽히는 전문직 종사자들이 의외로 투자에 실패하는 경우가 많다. 자신의 분야에서 성공하고 엘리트 대접을 받으니 다른 분야도 쉽게 생각했다가 본전도 못 찾는 것이다. 예나 지금이나 공부하지 않고 뛰어드는 투자는 백전백패라는 사실을 명심해야 한다.

3장

글로벌 금융위기의 공포
2008년

시련의 시간

앞서 살펴본 대로 많은 사람이 한국 경제에서 가장 어려운 시기로 기억하는 것은 IMF 외환위기지만, 내 개인적으로는 2008년 글로벌 금융위기의 상처가 훨씬 컸다. 당시 나는 개인 재무 상담을 주력으로 하는 회사를 운영하고 있었다. 사업은 호조였고, 강남 부자들과 연예인들도 고객으로 두면서 이들과 어울릴 기회도 많았다. 내가 속한 계모임의 계주가 철강 사업을 하고 있었는데, 이를 통해 부자 고객들을 유치해 사업에도 도움을 받았다. 그런데 그게 화근이었다.

2008년 미국에서 서브프라임 모기지론 사태가 터지고, 금융계로 번지면서 리먼브라더스 파산을 비롯해 월스트리트가 쑥대밭이 되었다. 미국의 위기는 글로벌 위기로 번지면서 우리나라도 큰 타격을 입었다.

금융위기 때문에 내가 속한 계모임에서 곗돈을 넣지 못하는 사람들이 속출했다. 돈은 받아가는데 곗돈은 내지 않으니, 당황한 계주는 자금을 융통하기 위해 대출을 받으려고 내게 보증을 부탁했다. 그리고 그 대출이 부도가 나면서 나는 한순간에 30억 원의 빚을 떠안게 되었다.

당시 펀드 자산이 25억 원 정도 있었지만 금융위기 때문에 반토막이 나면서 15억 원 수준으로 떨어졌다. 펀드를 처분해 빚을 갚았지만 22억 원이 남았다. 시련의 시간이 시작된 것이다. 2009년에 내가 가지고 있던 것들을 대부분 처분하고 여름에 월세를 구해 이사를 갔다. 그리고 당시 고등학교 3학년이었던 딸의 학원비를 걱정해야 하는 신세가 되었다.

"나 논술학원 한 번만⋯⋯."

갑자기 변해버린 집안 사정에 딸도 한참을 주저하다가 겨우 논술학원을 한 번만 다니게 해달라고 했다. 나는 돈을 마련해서 보내줬고, 그렇게 몇 번 논술 시험을 연습한 것을 가지고 딸은 수시 전형으로 수도권의 대학에 들어갔다. 잘못된 선택으로 나는 물론 가족들까지 날벼락을 맞으니 너무나 미안했다. 문제의 계주는 결국 구속되었다가 풀려났는데 또다시 계에 손을 댔다가 다시 구속되었다.

보증을 잘못 선 것 말고도 나의 실책은 여러 가지가 있었다. 2005년부터 2007년까지는 펀드의 전성기였다. 특히 당시 펀드 열풍을 주도한 것은 중국 펀드, 그리고 BRICs(브라질, 러시아, 인도, 중국) 펀드였다. 특히 2008년에는 베이징 올림픽이 있었기 때문에 중국 펀드의 열기가 그 어느 때보다도 뜨거웠다. 2005~2006년 당시 중국 펀드나 BRICs 펀드의 수익률이 70%대였으니 돈이 몰리는 것도 당연했다. 전 세계적으로 베이징 올림픽에 대한 환상에 사로잡혀 있을 때 나 역시 그에 취해 있었다. 88올림픽 때 우리 경제가 어떤 흐름을 보였는지, 미국이나 일본에서 개최되었을 때는 어땠는지를 공부했어야 했다.

올림픽과 관련해 '계곡 효과'라는 용어가 있다. 올림픽을 개최하면 경기장, 선수촌, 각종 부대시설과 인프라 구축을 위해 대규모 투자가 이뤄지는데, 올림픽이 개막할 때쯤에는 이러한 특수는 사라지고 오히려 경기가 침체하는 현상이 종종 나타난다.[11] 그러나 나는 중국에 대한 막연한 기대감에 부풀어 있었고, 돈을 모으면 중국 펀드에 속된 말로 '몰빵'을 했다. 베이징 올림픽이 끝나고 나자 중국 주가가 폭락해 주가지수가 6,000대에서 2,000대로 떨어졌다. 반토막 이상이었다. 이 정도면 고점 때 펀드에 들어간 사람들은 손실이 80~90%까지 났다는 의미다.

미국의 위기가 한국의 위기가 된 이유

고객 중에 홍콩 리먼브라더스에 근무하는 분이 있었다. 2008년 9월 14일에 리먼브라더스가 파산 신청을 하고 2~3일이 지난 뒤 그의 아내가 찾아왔다. 남편이 하루아침에 직장을 잃었다면서 가입했던 펀드를 정리했다. 리먼브라더스 사태가 단순히 먼 나라 이야기가 아니었는데, 이후 나는 빚보증을 섰다. 위험 신호가 켜지면 정신을 차리고 모든 판단에 신중했어야 하는데 나는 근거 없는 자신감에 취해 있었다. 지금까지 모든 게 잘 되었으니 '에이, 이 정도는 괜찮아' 하고 안이하게 생각했다. 몇 달 후에는 그 남편도 만날 기회가 있었는데, 파산 직전까지도 그렇게 될 줄 몰랐다고 했다.

알려진 대로 미국 금융위기의 시작은 서브프라임 모기지 사태였다. 미국의 주택담보대출, 즉 모기지는 대출자의 신용이 우수할 경우 프라임 모기지, 그 아래 수준을 알트-A, 더 아래 수준을 서브프라임 모기지라고 부른다. 모기지를 취급하는 금융기관은 대출해주고 나서 그 채권으로 자산유동화채권을 만드는데 이것을 MBS^{Mortgage Backed Securities}라고 한다. 금융기관은 MBS를 채권시장에 내다 팔아 현금을 확보한 뒤 다시 대출을 제공한다.

빌 클린턴 정부와 조지 부시 정부에서 내 집 마련을 쉽게 하는 정책을 펼치면서 서브프라임 등급도 쉽게 대출을 받을 수 있었다. 그 결과 주택시장에 버블이 일었고 가격이 뛰었다. 서브프라임 모기지 채권은 위험이 높은 상품으로 취급받았는데, 여기서 월스트리트의 투자은행들이 끼어들었다. 신용등급이 높은 MBS와 낮은 MBS를 섞어서 마치 신용이 우량한 것처럼 평가받는 파생상품을 만든 것이다. 이러한 파생상품을 기반으로 또 다른 파생상품을 만드는 식으로 점점 일이 커졌는데, 나중에는 월스트리트의 전문가들조차도 뭐가 뭔지 모를 정도로 복잡하게 얽힌 상품들이 등장했다.

자산시장이 호황을 누리면서 거품은 커지는데 실물경제는 바닥을 드러냈다. 경상수지는 만성 적자였고, 성장률은 둔화하고, 국민소득은 정체했다. 2006년 연방준비제도^{FED}가 물가 안정을 위해 기준금리를 올리자 부동산시장이 흔들리기 시작했다. 신용등급이 낮은 서브프라임 대출자들은 이자 부담이 높은데 기준금리 인상으로 부담이 가중되었다. 그 결과 주택 매물이 급증하고 집값이 떨어졌는데 잘 팔리지도 않았다. 이는 대출 연체 급증으로 이어졌고 서브프라임 모기지 대출기관들의 부실 채권이 눈덩이처럼 불어나 결국 파산하는 사태를 맞이했다. 서브프라임 채권으로 만들어진 온갖 파생상품들도 부실화하면서 은행, 증권사는 물론 파생상품이 부도가 나면 내신 돈을 갚아주는 CDS^{Credit Default Swap}(신용부도스와프)라는 파생상품을 만들어 채권 보증을 선 세계 1위 보험사 AIG까지 줄줄이 벼랑 끝에 몰렸다.

세계 금융의 중심이라 할 수 있는 미국 금융계가 갑자기 큰 위기에 빠지자 그 여파가 전 세계에 미쳤고 한국도 예외가 아니었다. 그런데 당시 외환시장을 보면 금융위기의 진원지인 미국의 달러화는 급등하고 원화 가치는 급락하는 현상이 나타난 것을 알 수 있다. 2008년 8월부터 10월 사이에 원-달러 환율이 급등하고 원-엔화 환율은 더 큰 폭으로 뛰었다. 보통은 상황이 나쁜 나라의 통화 가치가 떨어져야 하는데 정반대 현상이 나타난 것이다. 금융위기로 안전자산 선호 심리가 커지자 오히려 달러와 엔화 수요가 크게 늘어났기 때문이다.

또한 미국계 금융자본은 미국의 상황이 어려워지면 자금이 필요해져 우리나라를 포함한 신흥국에서 자금을 거둬들이는데 이는 주식시장이 폭락하는 등 투자시장에도 큰 충격을 준다. 한편으로 미국 경제의 대침체로 소비가 줄어들면 수출 주도국인 우리나라 경제에 부정적인 영향이 미칠 수밖에 없다. 미국에서 시작한 금융위기가 전 세계 경제를 뒤흔든 것이다.

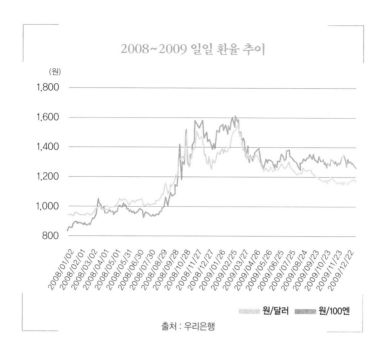

2008~2009 일일 환율 추이

(원)

출처 : 우리은행

원/달러 원/100엔

당시 고객 중에 모 대기업의 대표가 있었다. 서브프라임 모기지가 터지기 직전, 이 고객은 은행에서 달러 가치가 떨어질 것이니 떨어지는 쪽으로 헤지상품에 가입하라는 권유를 받았다면서 어떻게 하면 좋은지 물었다. 나는 반대로 달러가 오를 것이라고 예상했다. 우리나라가 미국에 발행한 달러 채권이 2008년 9월에 만기가 몰려 있어서, 원리금을 지급하려면 달러 수요가 늘어날 것이므로 가치가 오르리라고 봤다. 고객은 내 이야기를 듣고 달러를 매입했다. 당시 고객은 원-달러 환율이

920원일 때 달러를 샀는데 그해 말에는 무려 1,500원까지 뛰었다. 1,100~1,200원 정도를 생각했던 내 상상을 훨씬 뛰어넘은 것이다.

급작스러운 경기 추락에 맞서 미국이 꺼내든 카드가 바로 '양적완화'다. 이전까지 정부가 경제 위기에 대처하는 카드는 금리였다. 금리를 내리면 시중의 통화량이 증가하고 올리면 통화량이 감소하므로, 위기 국면에서 금리를 내려서 시중에 돈이 돌게 만드는 것이다.

중앙은행의 발권력으로 돈을 찍어내서 시중에 푸는 방식은 자칫 초인플레이션을 일으킬 수 있으므로 기피되어왔다. 그런데 서브프라임 모기지 사태로 인해 월스트리트가 단시간에 그야말로 쑥대밭이 되었고 금리 인하로도 급속한 침체를 막을 수 없자 돈을 찍어내서 시중의 국채를 매입함으로써 돈을 푸는 양적완화가 등장한 것이다.

결과적으로 이는 미국이 위기에서 탈출하고 경기를 부양하는 데 성공하도록 만든 정책으로 평가받았다.

이러한 경험을 통해, 코로나19로 세계 경제가 급속하게 얼어붙자 미국은 물론 각국이 공격적인 양적완화에 나서고 있다.

감당 가능한 선에서 견디면서 기다려라

2008년 금융위기 당시 나는 주로 군인들을 상대로 마케팅을 했다. 군부대 간부들이 내가 추천한 펀드에 많이 가입했는데, 펀드가 반토막이 나자 일부는 찾아와서 손실을 보상해달라고 요구했다. 나의 추천으로 펀드에 가입했다고 해서 손실을 보상해야 할 의무는 없으며, 회삿돈으로 보상해주면 배임죄가 된다. 하지만 나는 내 돈으로 보상을 해줬는데 그 돈만 몇억 원이었다. 그게 보증 때문에 지게 된 거액의 내 빚을 더 키웠다.

위기가 터지니 밑바닥부터 흔들렸다. 회사에도 어려움이 생겨 경영에 집중할 수 없었고 나중에는 우울증까지 올 정도로 정신건강이 악화했다.

주식시장이 추락하면서 펀드 환매 요구가 들어온 것은 2008년 10월에서 12월 사이였고, 이듬해 4월까지는 주가가 바닥이었다. 지금이었다면 펀드 환매나 보상 요구가 들어오면 좀 기다리라고 설득했을 것이다. 바닥을 친 후 주가가 반등해서 손실을 다 메우는 것은 물론 그 이상까지 갔기 때문이다. 하지만 당시 나는 경험도 부족했고 개인적인 문제로 곤란을 겪고 있는 처지여서 냉정한 판단을 내리지 못했다. '망가져도 나 혼자 망가지는 게 낫지' 하는 생각으로 직원들에게는 어떻게든 피해가 가지 않도록 애썼다. 그 결과 직원들은 큰 영향을 받지 않았지만 내게는 치명타였다.

당시의 쓰디쓴 경험을 통해 위기가 왔을 때는 두 가지를 명심해야 한나는 사실을 배웠다.

첫째, 정신을 바짝 차린다.
둘째, 넘어지지 말고 끝까지 버틴다.

함부로 판단하지 말고 모든 걸 일단 중지한 후 기다려야 한다. 금융위기 당시 나는 이 두 가지를 지키지 못했다. 펀드 손실이 발생했을 때 보상을 요구한 고객에게 현금을 털어서 줬기 때문에 상황이 더욱 악화했다. 그러지 말고 버텼어야 한다. 오히려 위기 상황에 자금을 추가로 투입해서 주식 편입 비율을 늘렸어야 하는데 모두 환매했기 때문에 결국 손실을 확정시켜 버렸다. 반면 이 시기에 주식 편입 비율을 높인 사람들은 돈을 벌었다.

당시 나는 지상파 경제 프로그램의 상담 코너에 출연했는데, 전화로 연결된 시청자에게 "주식 편입 비율을 늘려라"고 과감하게 이야기했고 결과적으로 그 사람은 배 이상의 수익을 냈다. 나는 속된 말로 '거덜이 났는데' 남 좋은 일만 시킨 셈이다. 이번 코로나19 대유행 시기에도 상담 고객들에게 추천한 전략은 초기에는 채권 비중을 크게 늘려 안전성을 도모했다가 주식시장이 바닥을 치고 올라올 때 다시 주식 편입 비중을 크게 올리라는 것이었다.

최근에 상담했던 어느 부부도 코로나19 유행이 시작하자마자 펀드 편입 비율을 처음에는 채권을 높였다가 다시 주식을 큰 폭으로 올렸다. 일부는 미국 주식에도 편입시켜 결과적으로 큰돈을 벌었다. 부부는 내게 고맙다며 식사 대접을 하면서, 이번에 번 돈으로 부인이 차를 한 대 뽑았다고 자랑했다.

지인 중 한 명은 주식투자를 꾸준히 해오고 있었는데, 코로나19가 터지고 주식이 반토막 나자 오히려 가지고 있는 현금을 최대한 동원해 한국과 미국 주식에 반씩 투자했다. 거래하던 증권사 지점에서 최대 투자금이 될 정도였다. 결과는? 얼마 전에 만났는데 이제는 수익 실현을 해야겠다고 말했다. 얼마나 수익을 냈는지 물었더니 두 배는 벌었다고 했다. 폭락장에서 많은 사람이 주식을 팔았지만 극한 상황에서 팔면 손실이 확정된다. 공포는 투매를 낳고, 투매는 다음 기회까지 잃도록 만든다.

2008년 금융위기의 여파가 본격적으로 미치기 전인 5월 16일에 코스피지수는 1,888.88포인트로 고점을 기록한 뒤 하락 추세로 돌아섰다. 특히 9월부터는 급락세가 나타나 2008년 10월 24일에는 938.75포인트까지 떨어졌다. 본격적인 반등세는 이듬해 3월부터 나타나기 시작했고, 2009년 9월 22일에는 1,718.88포인트까지 상승해 2008년 고점의 90% 이상을 회복했다. 이후에는 상승세가 완만해져 2008년 고점을 완전히 회복한 것은 2010년 10월 2일이었다.

　고점에서 저점까지 떨어지기까지 161일이 걸렸고 이후 90% 이상 회복하는 데는 333일이 걸렸다. 완전히 회복하는 데는 708일이 걸렸다. 이후 주가는 계속해서 상승세를 탔다. 떨어질 때는 공포감이 몰려오고 더 떨어지기 전에 어떻게든 팔고 벗어나려는 마음이 가득하다. 그러나 떨어지는 기간의 두 배를 기다리면 회복된다고 생각한다면, 그리고 그 이상도 가능하다고 생각한다면 감당 가능한 선에서 견디면서 기다리는 것이 더

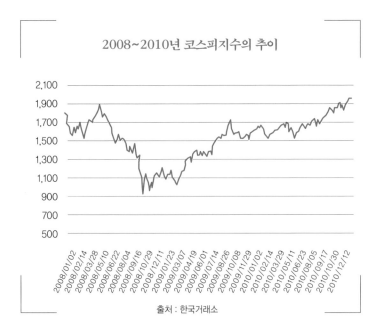

2008~2010년 코스피지수의 추이

출처 : 한국거래소

현명하다.

덧붙여 2008년 금융위기로 나타난 또 한 가지 주목할 만한 현상은 한국과 미국의 '커플링'이다. 나도 그랬지만 많은 사람이 미국의 금융위기를 강 건너 불구경하듯 했다. 우리 경제는 큰 문제가 없었기 때문에 미국에서 위기가 터져도 설마 우리에게 무슨 대단한 타격이 될까 하는 생각이었다. 외환위기의 트라우마가 있었던 한국인 중에는 미국이 위기에 빠진 것을 고소해하는 사람들도 있었다. 하지만 세계 경제가 직격탄을 맞고, 우리 경제에도 폭탄이 떨어지고 나서야 사람들은 미국의 세계적인 영향력을 절감했다.

미국이 우리나라에 미치는 영향력이 얼마나 큰지 생각해보면 결국 우리 경제는 독자적으로 갈 수 없음을 알 수 있다. 트럼프가 무슨 이야기를 하든 우리가 독자적인 선택을 할 수 있는 폭은 넓지 않다. 우리는 중국에도 미국에도 수출하지만 중국에 수출한 것도 결국은 미국으로 가는 경우가 많다. 우리 경제는 미국을 빼고는 할 수 있는 게 별로 없다. 그렇다면 미국에 투자하는 게 낫지 않을까? 2008년 금융위기 이후는 한국 투자자들에게 신흥국의 유행이 지나가고 미국 주식투자에 대한 관심이 높아진 시기이기도 했다.

하우스푸어의 출현

금융위기 때는 부동산시장도 크게 흔들렸고, 하우스푸어가 속출했다. 당시 나를 찾아온 어느 부부는 남편은 사업을 했고 부인은 회사원이었다. 그들은 8억 5,000만 원을 주고 목동에 있는 아파트를 샀는데 대출이 7억 원이나 되었다. 나를 찾아왔을 때는 시세가 6억 5,000만 원까지 떨어졌다. 집을 팔아봐야 대출도 다 못 갚는데 어쩌면 좋겠느냐며 하소연했다. 나의 처방은 하루라도 빨리 팔라는 것이었다. 더 떨어질 가능성이 컸기 때문이다. 하지만 부부는 주저했다. 시간이 지나 시세는 5억 원까지 떨어졌고 아파트가 경매에 넘어갈 위기에 몰리자 그제야 팔았다. 내가 하루라도 빨리 팔라고 권했던 때보다 1억 5,000만 원을 더 손해 본 것이다.

주식이 떨어지고 세계 경제가 좋지 않으면 부동산도 하락하는 현상이 나타난다. 이전 참여정부 때는 그렇게 노력해도 안 잡히던 집값이 MB 정부에 들어서는 이미 너무 많이 오른 부담으로 떨어지고, 글로벌 금융위기가 한 번 더 큰 펀치를 날렸다. 당시 잠실 주공아파트 5단지의 매매가가 5~6억 원 선까지 떨어졌다. 지금은 25억 정도이니 12년 만에 20억 원, 5배가 오른 셈이다.

만약 빚만 감당할 수 있다면 팔지 않는 게 답이었다. 주택시장은 2013년부터 다시 상승 기류를 탔다. 2008년부터 5년 동안은 침체기였지만 2013년부터 갑자기 올라가기 시작했고 2014년에는 이른바 '빚내서 집 사라'는 정책이 기름을 부었다. 그 후 아파트값은 2020년까지 거의 쉬지 않고 올랐다.

부동산에 큰 영향을 주는 요인 중 하나가 금리다. 금리가 뛰면 대출을 받아 부동산을 구입한 사람들의 이자 부담이 커지기 때문에 매물이 늘어난다. 반대로 저금리 시기에는 대출 이자 부담이 적어 부동산 수요가 느는 경향이 있다.

그런데 2008년 금융위기 때는 금리가 내려갔음에도 부동산 시장이 위축되었다. IMF 외환위기 때는 금리의 진폭이 워낙 컸기 때문에 금리의 영향을 피부로 느낄 수 있었지만 2008년에는 그렇지가 못했다. 5%에서 2%로 반토막 이상을 떨어졌으므로 금리 인하의 폭이 작았던 건 아니었으나 그 효과는 당장 강하게 나타나지 않았다. 경제가 갑자기 나빠졌으니 부동산도 별수없다는 생각이 지배적이었다. 2008년에는 미분양도 많았다. 수도권에서도 미분양이 속출했으니 지방은 말할 것도 없었다. 당시 미분양 물량이 100만 호가량 되었고 수도권도 20~30만 호가 미분양이었다.

2008년 초부터 시장 상황이 좋지 않았다. 2008년과 2009년은 아파트 공급량도 가장 낮았고 부동산 투자가 가장 침체되었던 시기다. 그러다가 2010년부터 미국 부동산이 살아나기 시작하고 뒤따라 전 세계 부동산이 상승하는 흐름이 나타나기 시작했는데, 2013년 들어서는 그러한 흐름이 우리나라에도 영향을 미쳤다. 그 직전에 집 가진 사람들, 특히 껍통 부동산을 가진 사람들이 정말 많이 상담을 하러 찾아왔다.

그중 가장 기억에 남는 고객은 무역업을 하는 분이었다. 2012년에 강남 3구에 100평 규모의 빌라, 오피스텔, 거기에 도곡동 타워팰리스까지 갖고 있었고, 경기도 근교에 별장도 갖고 있었다. 전체 주택 가격을 평가해보니 80억 정도였는데 그중 빚이 60억 원이었다. 부동산 경기는 침체하고 이자 감당은 어려워 찾아왔다고 했다. 나는 그에게 일부는 정리하는 것이 좋겠다고 조언했다. 침체가 오래 갈 가능성에 대비해 부채 비율을 낮출 필요가 있다고 설명했다.

낙담한 채로 돌아간 이 고객은 그중 한 채를 정리했는데 결과적으로 이듬해부터 갖고 있던 부동산들이 모두 가격이 올라 결국 빚을 다 갚고도 많은 돈을 남길 수 있었다. 당시 빌라가 15억 원 정도였는데 지금은 40억 원 수준이다. 그때 한 채도 안 팔고 버텼으면 지금 더 많이 벌었을 텐데, 나는 그에게 괜히 팔라고 한 것일까?

결과론적으로는 맞는 말이다. 그러나 당시 그 고객은 이자를 감당하기 힘든 상황이었다. 그럴 때는 부채 부담을 어느 정도 완화하는 게 좋다. 그렇게 계속 끌고 가다 이자를 연체하면 빚이 눈덩이처럼 커지고, 심리적으로 너무 힘들어 급매해버린다 거나 하는 잘못된 선택을 할 수 있다. 앞날은 누구도 정확히 예측할 수 없다. 운이 좋아서 2013년에 부동산시장이 상승세로 돌아섰지만 1년만 지연되었어도 그 고객은 매우 힘든 상황에 놓였을 것이다. 최대의 수익을 내는 것도 좋지만 리스크 관리역시 꼭 필요하다.

위기에 현금자산이 중요한 이유

위기를 이겨내고 기회를 잡기 위해 반드시 필요한 것은 현금자산이다. 전체 자산 포트폴리오 중 현금의 비중을 얼마로 하는게 좋을까? 이는 정말 중요한 부분인데도 주식투자든 부동산투자든 현금 비중을 생각하지 않는 사람들이 너무나 많다.

수백억 원대의 자산을 가진 지인이 있다. 주식투자는 물론 옵션거래로도 많은 돈을 번 그는 2019년 12월 중순에 좋은 기회가 왔다고 생각하고 100억 원의 옵션거래에 베팅했다. 확실한 기회라고 생각했음에도 약 300억 원의 현금자산 중 100억원만 사용했고 결과적으로 80%의 수익을 냈다. 더 많은 돈을 넣었으면 훨씬 더 많이 벌었을 텐데, 확실하다면서 왜 100억원밖에 넣지 않았을까 하고 의아하게 생각하는 사람도 있을 것이다. 그러나 진짜 고수는 언제나 기회를 잡기 위해 일정 수준 이상의 현금 비중을 유지한다. 아무리 확실한 기회처럼 보여도 예상하지 못한 리스크가 있을 수 있다. 현금을 갖고 있으면 다음 기회를 충분히 기대할 수 있지만 현금이 바닥난 상태라면 리스크의 폭탄만 얻어맞고 끝난다.

현금자산을 관리할 때는 안전성을 충분히 고려하는 것이 좋다. 수익은 주식이든 부동산이든 투자를 통해 내고, 현금자산은 어설프게 얼마 안 되는 금리에 지나치게 집착하는 것보다는 안전 우선으로 관리하는 것이 좋다. 그 대표적인 사례가 2011년과 2012년에 걸쳐 터진 상호저축은행(지금의 저축은행) 영업 정지 사태다.

2008년 금융위기 이후 안전자산 선호 현상이 강해지면서 현금 비중을 늘리는 사람들이 늘어났다. 그중 상당수가 6%대의 고금리를 제공하는 상호저축은행에 돈을 넣었다. 특히 투자는 잘 모르거나 자신이 없어 현금자산으로 조금이라도 이자 수익을 더 얻고자 한 은퇴자들의 돈이 가장 많았다.

어느 날 그런 사람 중 한 분이 전화를 했다. 그는 2억 원 정도의 현금자산을 은행과 상호저축은행 네 곳에 분산해두었는데 2011년부터 상호저축은행의 줄 파산 사태가 터져 선릉역에서 피켓 시위를 하고 있다고 했다. 은행에 넣은 9,000만 원은 다행히 안전했지만 나머지는 5,000만 원만 보장받을 수 있었고 6,000만 원은 허공으로 날아갔다. 조금이라도 높은 이자를 주는 곳을 찾았다가 오히려 큰돈을 잃은 것이다. 억울한 마음을 하소연했지만 나로서도 뾰족한 방법이 없었다.

제1금융권인 은행이든, 제2금융권인 저축은행이든, IMF 외환위기 이후 여러 사건을 겪으면서 재무 건전성과 관련 규제가 계속 강화되었다. 이에 따라 이전과 비교해 위험은 낮아졌지만, 현금자산을 어떻게 관리할 것인가를 생각할 때는 높은 이자뿐 아니라 건전성이나 리스크도 고려할 필요가 있다.

2008년에 나는 집을 제외한 자산의 100%를 금융자산, 펀드에 투자했다. 2008년에 시장이 무너지니 유동성 자금이 아예 없어서 큰 손실을 보고 펀드를 정리할 수밖에 없었다. 게다가 앞에서 말했다시피 뜻하지 않은 일로 큰 빚도 지게 되었다. 만약 그 시기를 버틸 여력이 있었더라면 가입했던 펀드도 1년 안에 회복되었기에 일시적인 어려움은 있었어도 길게 보면 별 문제가 없었을 것이다.

자산 포트폴리오를 구성할 때도 현금 유동성이 어느 정도 필요하다. 현금이 없으면 위기가 왔을 때 무너지고 위기 속의 기회도 잡을 수 없는 극단적인 상황에 몰릴 수 있다. 최근 자산시장에서 나타나는 현상 중 우려스러운 점이 이 부분이다. 이른바 '영끌', 즉 영혼까지 끌어모아 투자한다면서 가진 것을 싹싹 긁어모으고 그것도 모자라 대출까지 잔뜩 받아서 투자하는 사람들이 늘고 있다. 주식이고 부동산이고 리스크 대비는 전혀 없다.

처음에 잘 모르는 상태에서 뛰어들었는데 운 좋게 반등 국면에 올라타서 재미를 보면 더 많이 빌기 위해 돈을 늘린다. 여유 자금을 다 털어 넣어서 올인했는데 더 오른다면? 아예 승부를 보겠다는 각오로 대출까지 받는다. 이때가 제일 위험하다.

20년 전에 미국에서 유명한 자산관리 전문가가 재테크 신문 《머니》에 기고한 내용은 지금도 절대 불변의 진리라고 생각한다. 그는 종목 선택이나 기간 설정보다 더 중요한 것이 포트폴리오라고 역설했다. 그리고 언제든지 현금화할 수 있는 유동성 자금을 담은 '생계형 주머니', 안정적인 투자를 할 수 있는 투자형 상품을 담은 '자산형성 주머니', 리스크가 너무 커서 돈을 날릴 수도 있는, 트레이딩 형태의 투자를 담은 '트레이딩 주머니', 이렇게 세 개의 주머니로 자산을 나누어야 한다고 설명했다.

안정적 투자를 하는 자산형성 주머니의 비중을 50~60%로 가장 많이 가져가고, 리스크가 큰 트레이딩 주머니의 비중은 10~20% 이내로 적게 가져간다. 마지막으로 현금성 자산을 담고 언제든지 꺼내 쓸 수 있는 '생계형 주머니'는 20~30% 정도로 가져간다.

개인투자자들은 자산시장의 분위기가 달아오를수록 생계형 주머니를 꼭 챙겨야 한다. 아무리 시장이 상승세이고 돈을 넣으면 넣을수록 수익이 더 많아지는 것처럼 보여도, 언제 어떤 리스크가 닥칠지는 아무도 모른다. 그 리스크 한 방에 지금까지 번 것을 다 까먹고 마이너스로 내려앉아 가진 자산을 허겁지겁 처분하거나 심지어 강제로 처분당하는 상황에 이를 수 있다. 반면 생계형 주머니가 있는 사람은 리스크로 시장이 휘청거릴 때 버티면서 헐값이 된 자산을 매입할 기회가 생긴다. 위기는 기회라고 하지만 기회도 준비된 사람에게만 열린다. 올인했는데 위기가 닥치면, 기회는 없다.

중요한 것은 가성비

사치와 낭비를 배격하고, 근검절약이 사회적인 구호였던 시대는 IMF 외환위기와 닷컴 열풍, 신용카드 대란의 시대와 함께 지나갔다.

사람들은 신용카드를 통해 소비의 맛을 알아버렸고, 지금 능력이 안 돼도 미래의 소득을 당겨서 당장 소비하는 것에 익숙해졌다.

금융위기를 거치면서 한국 사회의 소비 트렌드에 다시 한번 변화가 온다. 가격 대비 성능, 줄여서 '가성비'를 중시하게 된 것이다.

가성비를 따지면서 나타난 주요한 변화는, 한 번 소비할 때의 규모가 작아졌다는 것이다. 과거처럼 당장 사고 싶은 것에 주저 없이 카드를 내미는 소비가 아니라 따져보는 소비가 많아졌다.

인터넷에 쇼핑 관련 정보들이 많아지고 가격 비교 사이트를 통해서 조금이라도 더 싼 채널을 통해 물건을 살 수 있게 되었다. 내가 사고 싶은 물건이 있다면 그와 비슷하지만 더 저렴한 물건이 있을 수 있다. 내가 원하는 바를 90% 충족시켜주면서 가격은 70%밖에 안 된다면 가성비 면에서 훨씬 더 우월할 것이다. 이런 물건들을 찾는 소비가 늘었다.

가성비가 트렌드로 자리 잡은 결과, 소비는 줄어들고 사람들은 더 알뜰해졌을까? 속을 들여다보면 그렇지는 않다. 소비 규모는 줄어들기 시작했지만 소소한 소비가 많아졌기 때문이다. 평상시 안 하던 소비를 더 많이 하는 경향이 생겼다.

'충전형 소비' 혹은 '위로형 소비'라는 말이 하나둘씩 등장했고 고생하고 지친 '나에게 주는 선물'이라는 말도 널리 퍼졌다. 요즘은 '인생은 한 번뿐You Only Live Once'을 줄인 욜로Yolo족이라는 말이 유행이지만 이미 글로벌 금융위기를 전후해서 나타난 위로형 소비, 충전형 소비의 흐름은 욜로족의 특성을 잘 나타내고 있었다.

이 시기에는 해외여행을 다니는 사람들이 크게 늘어났고 맛

집이나 여행을 즐기는 사람들도 빠르게 늘어났다. '가랑비에 옷 젖는 줄 모른다'는 말처럼 큰 소비는 안 하는데 작은 소비가 계속 늘면서 소비 총액은 전과 별로 다르지 않거나 오히려 더 늘어난 것이다.

4장

사스부터 신종플루,
메르스까지 전염병의 습격
2015년

불투명한 대처가 키운 불신

21세기 들어 우리는 전례 없는 전염병의 대유행을 겪고 있다. 2003년 중증급성호흡기증후군(사스), 2009년 신종플루, 2015년 중동호흡기증후군(메르스), 그리고 2020년에는 코로나19라는, 평생 한 번도 겪어보지 못한 세계적인 유행병의 한가운데 놓여 있다.

사스, 신종플루, 메르스 중 규모로 본다면 '돼지독감'이라고도 불렀던 신종플루의 위력이 가장 컸다. 유행 초기에는 대부분 경증으로 완쾌되었고 '타미플루'라는 치료제가 있었기 때문에 곧 진정될 것으로 생각했다. 그러다가 7월 들어 감염자 수가 급증하더니 사망자가 발생했고, 가을까지 확산세가 이어졌다. 통계에 따르면 국내에서 약 76만 명이 감염되고 270명이 사망해서 감염자 수로는 세계 8위를 기록했다.

규모로는 신종플루가 가장 컸지만 코로나19 이전까지 우리 경제에 가장 큰 타격을 입힌 것은 메르스일 것이다. 메르스 이전까지는 실제로 병에 걸렸거나 직접적인 피해를 본 자영업자를 제외한다면, 대부분의 직장인들은 전염병의 영향을 피부로 느끼지 못했다. '조심해야겠네?' 하는 정도였고 경제에 관한 생각은 별로 하지 못했다. 특정 집단이 아닌 평범한 사람들까지도 전염병이 경제에 미치는 영향을 느끼고 사회가 전염병 공포에 사로잡힌 것은 메르스 때부터였다.

당시 나는 기업체와 군부대를 비롯해 여러 곳에서 요청한 개인 재무 관련 강의로 바빴는데, 메르스의 여파로 강의가 취소되기 시작했다. 전염병 때문에 강의 일정이 취소된 것은 처음이라 어리둥절했다. 다만 그 기간이 길지는 않아서 한두 달 후에는 정상화되었다. 첫 환자가 발생한 때가 2015년 5월 20일이었고, 7월 4일을 끝으로 감염자가 늘어나지 않아 사태가 가라앉았으니 메르스는 두 달이 채 안 되어 끝났다고 할 수 있다.

메르스의 충격이 컸던 이유는 당시 정부의 불투명한 대처가 불신을 키웠기 때문이다. 메르스는 주로 병원을 중심으로 확산했는데, 보건 당국은 사태 초기에 국민의 과도한 불안이나 오해를 방지한다는 구실로 메르스 관련 정보를 의료진에게만 공개했다. 그나마도 충분한 정보를 제공하지 않아 삼성서울병원에서 무려 180명 이상이 감염되는 사태가 발생했다.

당시 나는 키움에셋플래너 대표를 맡고 있었는데 메르스 사태가 진성된 후에도 한동안 직원들이 영업하기 어렵다고 하소연할 정도로 사정이 좋지 않았다. 주식시장도 4월부터 주가가 떨어지기 시작하더니 9월까지 계속 하락세였고, 9월과 10월에 걸쳐 반등세를 보였지만 연말까지 하락하는 모습을 보였다. 다만 이는 메르스 때문만은 아니었다.

가장 큰 영향을 미친 것은 중국 주식시장의 폭락이었을 것이다. 6월부터 상하이 주식시장의 주가지수가 급락해서 8월 말까지 무려 42.6%가 빠졌다. 태양광 관련 사업의 버블 붕괴, 중국의 경제성장률 둔화와 같은 구조적인 이유로 중국 주식시장이 폭락했는데, 중국과 교역 의존도가 높은 한국의 주식시장도 그 영향을 받아 중국 주가와 동조되는 모습을 보였다. 특히 8월 들어서는 중국 톈진항에서 초대형 폭발 사고가 터지는 바람에 미국의 다우존스지수가 1,089포인트나 떨어지는 역대급 폭락을 기록하는 등 전 세계 주식시장이 영향을 받았다.

2015년 코스피지수와 상하이종합주가지수 추이

(코스피지수)

(상하이 종합주가지수)

출처 : 한국거래소(코스피지수), Yahoo! Finance (상하이지수)

흥미로운 것은, 전염병이 주식시장에 충격을 줄 경우 그 패턴이 W자 형태를 띤다는 점이다. 처음에 전염병의 유행이 시작되고 경제에 미칠 영향에 대한 우려가 커지면 시장이 급락하다가 정부의 대응, 유동성 증가, 심리적 충격의 완화와 같은 이유로 시장이 회복한다. 그러다가 다시 한번 폭락이 나타난다. 전염병의 재유행, 정부 대응책의 효과 소진, 지나친 급등에 따른 경계, 실물시장과 자산시장의 괴리와 같은 여러 가지 요인들이 있다. 그러나 2차 폭락도 시간이 지나면 다시 반등하고 원래의 수준을 회복한다. 경우에 따라 이전 수준을 뛰어넘는 상승세를 보이기도 한다. 이런 패턴을 알고 있으면 단기적인 급락에 충격을 덜 받는 것은 물론 새로운 투자의 타이밍을 찾을 수 있다.

이러한 흐름은 부동산시장에도 상당한 영향을 미쳤다. 2009년 신종플루가 유행할 때도 그랬듯이 이유는 복합적이었다. 먼저 유행 이전인 3월부터 부동산 가격이 떨어지는 현상이 나타났다. 글로벌 금융위기의 여파가 컸고, 이후 신종플루 유행까지 겹쳐 실업률이 급증하는 현상이 나타났다. 이는 주택 가격 하락과 하우스푸어의 증가로 이어졌다. 이들이 집을 내놓으면서 집값 하락을 부채질했다. 이후 금융위기와 신종플루가 진정되고 실업률이 빠르게 회복되자 부동산 가격도 급격하게 회복되는 양상이 나타났다. 하우스푸어들의 투매로 주택 가격이 하락하기도 했지만 2014년 이후부터는 계속 상승세를 보였다.

그러한 분위기에 찬물을 끼얹은 게 메르스였다. 이때에는 다른 요인보다는 메르스 그 자체가 부동산 가격에 영향을 미쳤다. 아파트 거래가 급감해서 5월에는 1만 3,000건이던 것이 6월에는 6,000건으로 떨어졌다. 거래도 줄어들고 가격도 떨어졌던 그때가 부동산 투자자들에게는 절호의 기회였다. 아파트 정보 관련 일을 하는 친구는 "지금이 바로 아파트를 살 때다"라고 말했지만 주위 반응은 '때가 어느 땐데 그런 소리를 하느냐'는 분위기였다. 그만큼 메르스 사태는 사람들의 심리를 위축시켰다,

평균 거래가는 2015년에 떨어지기 시작하면서 2016년 1월까지 급락했지만 이후 반등하여 그 뒤로는 한 번도 안 쉬고 계속 올랐다. 결과적으로 이 시기를 기회로 생각해 과감하게 투자한 사람들은 상당한 수익을 거뒀다.

한 가지 기억할 것은, 전염병은 결국 그 기한이 정해져 있다는 점이다. 전염병의 유행은 몇 년씩 이어지지 않고 짧으면 몇 달, 길어도 1~2년 정도면 끝나는 게 보통이다. 코로나19 역시 2021년까지는 이어질 가능성이 크지만 치료제나 백신 개발 속도로 볼 때 2022년 이후까지 이어질 가능성은 크지 않다. 전염병이 종식되면 그 회복 속도는 매우 빠르다. 이러한 전염병의 특성을 이해한다면 투자에 관한 판단을 할 때 도움이 될 것이다.

자영업자의 몰락

사스, 신종플루, 메르스 사태가 터질 때마다 자영업자들이 타격을 받아 그 수가 줄어드는 패턴이 나타난다. 다만 2003년의 사스는 IT 버블의 붕괴와 신용카드 대란의 여파가 더 컸고, 2009년 신종플루 역시 전염병보다는 2008년 글로벌 금융위기의 타격이 더 컸다. 전염병이 주요한 원인이 되어 자영업자들이 직격탄을 맞은 것은 메르스의 경우다.

메르스는 환자는 적었지만 자가격리자는 1만 6,000명이 넘었다. 병에 걸리는 것은 물론 자가격리를 당할 위험을 피하려고 사람 많은 곳을 꺼리고 마스크를 쓰는 모습이 메르스 때부터 본격적으로 나타나기 시작했다. 그 시기에 출장이 잡혀서 고속철도를 탔는데 손님이 나를 포함해 서너 명밖에 없었던 적도 있다. 사람 많은 곳을 피하니 대형마트, 백화점 같은 매장에 손님이 줄고 공연, 외식, 모임도 줄어들면서 자영업자들이 피해를 봤다.

통계청 자료를 살펴보면 첫 메르스 확진자가 발생한 5월 말부터 6월까지 숙박업과 외식업 생산지수는 10%가 하락하고, 여가 관련 서비스업 지수도 10.1% 하락했다. 그에 따라 2015년의 자영업자 수는 전년도 대비 9만 8,000명(1.7%) 줄어 금융위기의 여파가 이어진 2010년 1.9%가 감소한 이후 가장 큰 폭으로 감소했다.[12]

경기가 침체하자 소비자 물가상승률도 제자리걸음을 하고, 2015년 상반기에 수출도 급격하게 떨어지는 모습이 나타났다. 수출품에 메르스 바이러스가 묻어서 상대국에 퍼질 가능성은 제로에 가깝지만 메르스 환자 발생국 2위라는 인식 때문에 해외에서 한국 상품을 기피하는 현상이 나타났기 때문이다. 이러한 경제적 피해로 개인이나 기업이나 국가에서 보상금으로 지급한 액수가 1,900억이 넘고, 간접 피해로 노동생산성 손

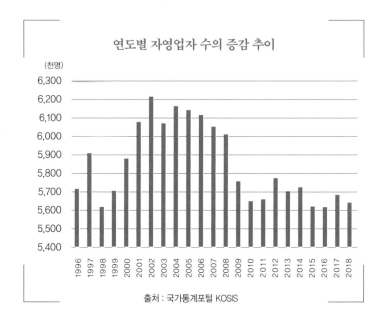

연도별 자영업자 수의 증감 추이

(천명)

출처 : 국가통계포털 KOSIS

실이나 관광산업 피해를 포함해 전 산업에 미친 피해가 약 2조 3,000억 정도 된다는 자료도 있다.

당시 요식업계 쪽에서 사업이 힘들어 망하는 경우가 정말 많았다. 지인 중 한 명도 돌잔치 등의 단체 음식 공급 사업에 뛰어들었다가 하필 메르스가 터지면서 어려움을 겪고 결국 폐업하면서 투자한 돈을 모두 날렸다.

근본적으로 우리나라는 자영업자가 과포화 상태다. 2018년 한국의 자영업자 비율은 25.1%로 OECD 회원국 중 5위를 기록했다. 한국보다 비율이 높은 나라는 그리스, 터키, 멕시코, 칠레인데 이 중 그리스, 터키, 칠레는 관광산업의 비중이 높다는 공통점이 있다. 관광산업은 투어 가이드, 숙박, 체험 등 중소 규모 자영업자들이 큰 비중을 차지한다는 점을 고려한다면 한국의 자영업자 비율은 OECD 최고 수준인 셈이다. 이는 IMF 외환위기 이후 갑자기 우리나라에 신자유주의가 이식되고 비정규직이 크게 늘면서 고용 불안이 커진 결과라 할 수 있다.

위기가 발생하면 자영업자들은 큰 타격을 입고 폐업이 속출하는데, 다른 한편에서는 위기 국면에서 직장을 잃은 사람 중 일부가 자영업에 뛰어드는 현상이 나타난다. 노동시장이 탄탄하지 않고 실업의 충격을 완충시켜줄 사회 안전망도 부족하다 보니 자영업에 뛰어드는 것이다. 하지만 이렇게 시작하면 준비도 충분히 되어 있지 않고 특별한 기술도 없어 실패의 위험이 크다.

노동시장의 안전성이 개선될 가능성은 현재로서는 낮아 보인다. 이러한 상황 속에서 떠밀리고 내몰리는 삶이 되지 않으려면 개인은 자신의 미래에 대해 더욱 구체적인 그림을 그릴 필요가 있다. 위기 속에서 떠밀리지 않고 새로운 기회를 찾기 위해서는 단순한 재테크를 넘어 돈 관리, 나아가 자신의 미래를 구체적으로 관리하는 자세가 꼭 필요하다.

언택트의 조짐이 나타나다

메르스는 많은 사영업사에게 위기였지만 변화에 발맞춰 기회를 잡은 사람들도 있다. 2015년 무렵 한 후배가 서울 근교에 배달을 전문으로 하는 음식점을 차렸다. 홀 없이 조리시설만 갖추고 조리사를 몇 명 고용해 배달음식 사업에 뛰어들어 큰 재미를 보았다. 음식점을 차린 지역이 원룸이 밀집한 곳이라 수요가 맞아떨어졌는데, 배달 전문으로 한 달에 순수익이 1,500만 원에 이를 정도였다.

코로나19로 '언택트'라는 말이 이제 일상이 되었지만 메르스 때 이미 언택트의 일상화 조짐이 나타났다. 배달의민족이 2010년 창업하고 뒤이어 요기요, 배달통과 같은 온라인 기반 배달 중개 서비스들이 속속 등장했는데, 메르스가 유행한 2015년에는 배달의민족 매출이 1조 원을 돌파했다. 배달 이외에 온라인 쇼핑도 시장이 확대되고 활용의 폭도 넓어졌다.

또 다른 후배는 가구 판매업을 하고 있는데 철저하게 온라인으로만 영업하고 있다. 처음에는 오프라인 매장을 열었지만 메르스 때 어려움을 겪다가 결국 매장을 접었다. 그 후 창고만 두고 온라인으로만 판매하는데, 꾸준히 잘 된다고 한다.

그러고 보면 소프트뱅크 손정의 회장이 쿠팡에 1조 1,000억 원을 투자한 때가 메르스가 가라앉고 있던 2015년 6월이었다.

손정의 회장은 우리나라의 전자상거래 시장의 규모가 엄청나게 커질 것으로 내다봤고, 언택트 비즈니스에서 가장 큰 규모를 자랑하지만 아직 수익은 내지 못했던 쿠팡을 주목했다. 메르스가 시동을 건 언택트 비즈니스의 잠재력을 간파한 것이다.

생명보험사와 손해보험사도 메르스가 몰고 온 언택트의 수혜를 입었다. 사람들이 위험한 행동을 피하고 위생에 신경을 쓰고, 바깥 활동을 줄인 까닭에 사고가 줄어들고 보험금 지급액이 감소했기 때문이다.

언택트와 함께 또 한 가지 주목할 부분은 건강기능식품 시장의 성장이다. 건강기능식품 시장은 해마다 성장해왔으니 전염병 사태 때에는 더욱 관심이 높아지고 매출 증가로 이어졌다. 전염병을 예방하고, 병에 걸리더라도 중증으로 발전하지 않고 회복되기 위해서는 평소에 건강관리와 면역력 유지가 중요하다고 생각하는 사람들이 많아졌기 때문이다.

2009년에는 홍삼이 면역력을 높여 신종플루 예방에 효과가 있다는 입소문이 퍼지면서 홍삼 제품의 판매액이 크게 늘었다. 감염자 수가 급증한 7월을 기준으로 이전 6개월과 이후 6개월을 비교하면 홍삼 제품 판매액이 57%나 뛰었다. 2015년 메르스를 겪으면서 건강식품 시장은 또 한 번 기회를 맞았다. 메르스가 본격적으로 터진 2015년 6월을 기준으로 이전과 이후 6개월을 비교하면 홍삼 제품은 8%, 홍삼을 제외한 비타민 등의 다른 건강기능식품은 15%나 성장했다. 신종플루 때는 판매 증가가 홍삼에 집중되었다면 메르스 때는 좀 더 다양화되었다는 특징이 있다. 그만큼 사람들의 건강기능식품에 대한 지식이 커지고 넓어졌다는 뜻으로 해석할 수 있을 것이다.[13] 코로나19의 유행도 건강기능식품 시장에는 비슷한 효과를 내고 있는 것으로 보인다.

예전에 나는 전염병을 그냥 '병'으로 생각했다. 사람들이 아프고, 죽는 것, 갑자기 나타나서 사람들에게 피해를 주고 사라지는 것, 이런 정도였다. 그런데 21세기에 들어 여러 전염병 유

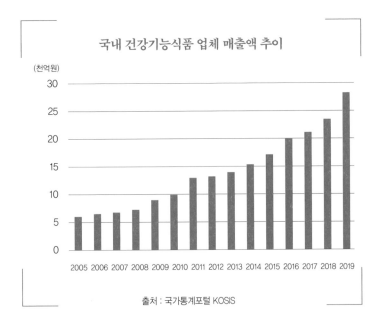

국내 건강기능식품 업체 매출액 추이

출처 : 국가통계포털 KOSIS

행을 겪으면서 전염병이 사회와 경제를 변화시킨다는 사실을 깨달았다. 전염병 속에서 침체하고 몰락하는 산업이 있는가 하면 전염병이 기회가 되어 번창하는 산업도 있다.

이러한 변화에 한발 먼저 다가간 사람들, 그리고 이를 창업으로 연결해 돈을 번 사람들, '이렇게 사회와 경제가 큰 피해를 보는데 뭘 할 수 있겠어' 하고 포기하지 않고 새로운 길을 찾아낸 사람들을 보면 위기 국면에서도 세상을 보는 안목이 자신의 미래를 결정한다는 사실을 새삼 느낀다.

사실 전염병은 수많은 사람의 생명을 위협하는 비극적인 일이고 거기에 기회가 있다거나 돈을 벌 수 있다고 이야기하는 게 어찌 보면 너무 냉혹한 일일 수도 있다. 하지만 그것이 현실이고, 코로나19 속에서 계속 살아가야 하는 우리가 반드시 헤쳐나가야 하는 문제이기도 하다.

온라인 플랫폼의 성장

키움에셋플래너 대표로 근무하던 나는 2015년 말이면 임기가 끝날 예정이었다. 무언가 다른 일을 해야겠다고 생각했고, 고민하다 스타트업 창업 캠프에서 공부를 시작했다. 당시 많은 사람이 스타트업을 꿈꾸고 있어 창업 캠프는 큰 인기를 끌었다.

박근혜 정부가 내세운 '창조경제'는 지역별로 창조혁신센터를 만들고 다양한 지원책을 제공하면서 스타트업에 토양을 제공했다. 금융 플랫폼으로 급성장한 뱅크샐러드, 토스와 같은 핀테크 기업들도 이 무렵에 사업을 시작했다. 나 역시 그때 핀테크의 전망이 밝다고 보고 창업을 시도했고 관련된 기업들을 조사하고 사람들도 만났다. 그중 관심 있게 보았던 기업으로 '카닥'이란 곳이 있다.

저렴하지만 만족스러운 카닥의 서비스

우리나라에서는 2011년부터 수입 자동차 판매량이 빠르게 늘어났다. 특히 BMW 320d, 520d와 같은 디젤 승용차 모델들은 정말 인기가 많았다. 2015년에 이들 모델에서 연쇄 화재 사고가 나면서 큰 문제가 되었는데, 그만큼 국내에 이 모델들이 많이 팔렸다는 뜻이기도 하다. 수입 자동차의 보증수리 기간은 보통 3년인데, 이 기간이 끝난 자동차들은 애프터마켓으로 넘어간다. 이전까지는 문제가 되면 보증수리를 받을 수 있어서 큰 문제가 없지만 보증 기간이 끝나면 수리비가 큰 폭으로 올라간다. 수리비만이 아니라 엔진오일을 비롯해 정기적으로 교체해야 하는 부품이나 소모품의 비용도 국산 차보다 크게 비싸다.

카닥은 이런 시장을 파고들었다. 예를 들어 도장이 벗겨졌거나 하면 스마트폰으로 그 부분의 사진을 찍어서 카닥에 올린다. 그러면 가입되어 있는 카센터들이 견적을 제시하고, 사용자는 그중 가장 조건이 좋은 곳으로 가면 된다. 일종의 '역경매'인 셈이다. 수리를 받은 후 얼마나 만족스러웠는지 후기도 올릴 수 있으므로 단순히 가장 싼 곳을 찾는 데 그치지 않고 가성비가 좋은 곳을 선택할 수 있다.

내게 맞는 신용카드를 추천해주는 뱅크샐러드

뱅크샐러드도 가성비를 추구하는 사람들의 욕구를 잘 파고들어 성공한 사례다. 우리나라의 신용카드 사용은 세계 최고 수준이지만 어떤 신용카드가 내게 가장 잘 맞는지, 가장 이득이 되는 서비스를 제공하는 카드는 무엇인지 쉽게 판단하기 힘들다. 어떤 카드는 포인트나 항공사 마일리지를 제공하고, 어떤 카드는 할인 혜택이 좋다. 그리고 카드에 따라 혜택이 많은 업종이나 사용처가 다르다. 그렇다면 나의 소비 성향이나 선호하는 혜택으로 볼 때 어떤 신용카드가 내게 가장 잘 맞을까? 뱅크샐러드는 바로 그 부분에 착안해 6개월 동안 3,000개의 신용카드 약관을 일일이 비교해 정리한 다음 자동으로 추천하는 앱을 만들었다. 앱을 실행한 다음 몇 가지 질문에 대답하면 최적의 카드를 추천해주는 이 서비스는 큰 인기를 끌었다.

정말 필요한 보험을 알려주는 보맵

보험 쪽에서도 모바일 앱 기반 서비스들이 등장했다. 많은 사람이 보험에 가입해 있지만 내가 가입한 보험이 정말 필요한지, 보험료는 적정한지, 보험료에 비해 받을 수 있는 보장이 부족하지는 않은지 제대로 아는 사람은 드물다. 심지어 여러 개의 보험에 가입했는데 보험료가 정확히 얼마나 나가는지 모르는 사람도 많고, 중복 가입이 되어서 보험금을 받을 때 지금까지 낸 보험료에 비해 실망스러울 때도 있다. 이런 시장을 파고든 게 보맵이라는 서비스다. 처음에는 사용자가 보험증권을 사진 찍어 보내야 했지만, 정부가 핀테크를 활성화하면서 2015년에 공인인증서만 넣으면 해당 사용자가 가입한 모든 보험 상품을 가져와서 비교해주는 서비스로 발전했다.

한편으로는 2010년부터 실손보험 가입자가 크게 늘었는데 막상 보험금을 청구하려고 하면 적잖은 스트레스였다. 영수증을 다 모아서 보험사에 보내고, 보험사가 이를 심사하는 동안 기다려야 하는데, 보맵을 필두로 의료비 영수증을 스마트폰 카메라로 찍은 다음 어디서 무슨 질병으로 치료를 받았는지 사진을 첨부하면 다음날 지급되는 청구 대행 서비스도 등장했다. 이런 서비스들이 큰 인기를 끌어서 현 정부가 보맵을 유니콘 기업으로 인정했고, 보맵 대표는 대통령 해외 순방 때도 동행한 바 있다. 2019년 9월 대통령의 동남아시아 순방 때는 개인손해보험 업계의 글로벌 1위로 알려진 처브Chubb의 태국법인과 보험 상품 개발 및 공동 마케팅에 관한 협약을 맺기도 했다.

메르스를 통해 그 조짐이 나타난 언택트 문화, 그리고 2000년대 초 벤처 붐에서 한 단계 진화했다고 볼 수 있는 스다트업 열풍을 통해 모바일 기반 플랫폼 기업들이 다수 등장했고, 그중에서 이제는 조 단위를 넘는 큰 기업으로 성장한 경우들도 속속 나타나고 있다. 온라인 간편송금 서비스로 시작한 토스는 보험, 카드, 투자를 비롯한 각종 금융 관련 중개 서비스로 발을 넓히면서 종합 금융 플랫폼 서비스로 성장하더니 결국 인터넷은행 사업에까지 진출했다.

코로나19로 언택트가 전면에 등장하고, 온라인 서비스에 대한 사람들의 욕구는 더욱 커지고 다양해지고 있다. 이를 만족시키기 위한 서비스와 기업들도 하루가 다르게 늘어가고 있다. 그러나 메르스 사태 혹은 그 이전부터 언택트의 가능성을 내다보고 뛰어들어 일찍 시장에 안착한 기업들은 앞으로 더 많은 기회를 가질 것이고 더욱 크게 성장할 것이다.

5장

코로나19의 대유행과 변화하는 현실 세계

2020년

코로나19가 터지기 전, 나는 핀테크를 활용한 온라인 자산관리 서비스 사업을 추진했으나 뜻대로 되지 않았다. 결국 초기 사업 모델은 접기로 하고, 마음을 바꿔 자산운용 자문 사업을 준비하고 있었다.

2019년 12월경, 당시 미국과 중국의 날로 심각해지는 무역 분쟁이 세계 경제의 가장 큰 이슈였다. 그런데 12월에 양국이 극적으로 합의에 이르자 사람들은 주식시장이 회복되고 글로벌 경기 부진도 회복될 것으로 생각했다. 이런 상황에서 당시에는 '우한폐렴'이라 부른 질병이 중국 우한에서 발생했다는 소식이 전해졌다. 이때만 해도 사람들은 큰 관심을 두지 않았다.

예측하지 못한 코로나19의 세계적 대유행

2020년 1월 초로 넘어가면서는 사망자 소식이 들리기 시작했고, 우한은 물론 이 도시가 속한 후베이성 전역으로 전염병이 빠르게 확산하면서 세계적으로 우려가 커졌다. 가장 큰 문제는 1월 24일부터 시작되는 중국의 춘제, 즉 설날 연휴였다. 나도 한때는 출장으로 혹은 여행으로 중국에 자주 갔기 때문에 그들의 문화를 웬만큼 알고 있는데, 중국은 춘제 기간에 모든 관공서와 기업들이 열흘 이상 문을 닫는다. 이 언저리에 중국에 가면 문 연 식당을 못 찾아서 밥 먹기도 힘들 정도다. 그리고 엄청난 귀성 인파가 이동하는데 인구가 13억 명이 넘는 중국의 이동 규모는 우리나라의 명절에 비할 바가 아니다.

이런저런 점들을 미루어 보니 '우한폐렴'이 춘제 기간 중에 중국 전역으로 확산할 수 있겠다는 생각이 들었다. 아예 글로벌 단위로 확 퍼질 것이라고는 생각하지 못했지만, 중국 전역으로 전염병이 확산하면 중국 경제가 어려워질 것이고 그러면 세계 경제도 타격을 받겠다 싶었다. 중국 주식시장뿐만 아니라 글로벌 주식시장의 하락은 불을 보듯 뻔했다. 그런 생각으로 1월 20일에 주가 하락에 베팅하는 파생상품에 투자했다. 1월 말에 환매했는데 열흘 만에 8배의 수익을 얻었다. 전염병의 공포는 나 같은 투자자에게 기회이기도 했다. 만약 그때 전염병의 글로벌 확산까지 예측하고 좀 더 길게 봤더라면 베팅 기간을 늘려 더 많은 수익을 거뒀을 것이다.

결국 우리나라에도 1월 20일에 코로나19 첫 확진자가 발생했다. 특히 2월 대구 신천지 사태를 통해 폭발적으로 감염자와 사망자가 늘어나면서 3월 19일, 우리 주식시장도 코스피가 133.56포인트 폭락해 역대 최고의 일일 하락폭을 기록했다. 그것까지 예측하고 베팅한 파생상품 투자자가 있었다면 어마어마한 수익을 냈을 것이다.

사태 초기에 미국 질병통제예방센터 CDC나 세계보건기구 WHO보다 먼저 코로나19의 세계적 대유행을 예측한 캐나다의 인공지능 AI 기반 건강 모니터링 플랫폼 블루닷 BlueDot이 화제가 되었다. 이 회사는 2019년 12월 31일에 코로나19의 글로벌 확산 위험성을 경고했는데, 미국 CDC는 1월 6일, WHO는 1월 9일에 가서야 비슷한 내용을 발표했다.

뉴스, 항공 데이터, 동식물 질병 데이터 등을 수집해서 AI로 분석하는 시스템을 구축한 블루닷은 심지어 12월 31일 발표 때 항공 데이터를 분석한 결과를 바탕으로 방콕, 서울, 대만, 도

쿄에도 곧 코로나19가 상륙할 것이라고 경고했고 결과적으로 이는 현실이 되었다.[14]

이 회사를 이끄는 킴린 칸 박사는 원래 토론토 최대 병원인 세인트마이클병원의 감염병 전문 의사였다. 2003년 사스 대유행 때 캐나다에서 44명의 사망자가 나오자 감염병 예측 시스템의 중요성을 절감하고 창업한 스타트업이 블루닷이다. 2014년에는 홍콩 최고의 갑부인 리커싱의 벤처캐피털이 이 회사에 투자했고, 코로나19의 빠른 예측으로 진가를 발휘했다. 이 회사도 위기 속에서 새로운 비즈니스의 기회를 잡은 것이다.

내 경우, 상담을 위해서는 고객과 매일 만나야 하는데 사정이 여의치 않을 때도 있다. 자료를 공유하고 화상 채팅을 하는 방법이 없나 찾아보니 미국에서 '웹미팅'이라는 솔루션이 나왔다고 해서 테스트를 해봤다. 사용해보니 '이거 괜찮다' 싶은 생각이 들었지만 우리나라에는 진출하지 않아 실제 업무에 사용하기는 어려웠다. 그런데 코로나19의 대유행으로 언택트에 대한 관심이 높아가던 와중에 '줌Zoom'이라는 온라인 회의 솔루션이 급부상했다.

최근에는 줌을 둘러싸고 보안 문제가 시끄럽긴 하지만 이 회사는 위기 속에서 어마어마한 기회를 잡은 것이다. 줌 외에도 국내외의 여러 화상 회의 솔루션들이 사용자를 큰 폭으로 늘리고 있다. 웹미팅과 같은 솔루션에 이후에도 계속 관심을 가졌다면 나도 좋은 투자 기회를 잡을 수 있었을 것이라는 아쉬움이 남는다.

글로벌 실물경제를 일시에 마비시킨 전염병

이번 코로나19는 우리가 한 번도 경험해보지 못한 위기다. 이전에도 1997년 외환위기, 2008년 글로벌 금융위기와 같은 엄청난 위기를 겪었지만 이번 사태와는 성격이 다르다. 외환위기는 한국을 비롯한 아시아 국가들이 외환 관리를 잘하지 못한 것이 직접적인 원인이었고, 글로벌 금융위기는 미국의 금융계가 파생상품을 너무 위험하게 확장한 것이 화근이었다. 즉 이들 위기는 금융권에서 발생해 실물경제로 번지는 패턴이었다. 반면 코로나19는 전염병의 갑작스러운 창궐이 글로벌 실물경제를 일시에 마비시키고 이것이 금융으로 번지는 패턴이라는 면에서 이전과는 전혀 다른 형태의 위기다.

이번 코로나19가 전례 없는 위기라는 사실을 보여주는 대표적인 사례로는 '마이너스 유가'를 들 수 있다. 2020년 4월, 미국 서부텍사스산중질유^{WTI}의 가격이 마이너스를 기록했다. 쉽게 말해 돈을 내고 원유를 가져가는 게 아니라 원유를 가져가면 돈을 주는 초유의 사태가 일어난 것이다. 각국이 국경을 봉쇄하면서 항공유 수요가 급감하고, 코로나 확산이 심각한 나라들은 자국 내 이동 제한령을 내려 자동차 석유 소비 역시 크게 줄었다. 수요가 줄면 원유 생산을 그에 맞춰 줄이면 되는데 이 역시 잘 되지 않았다. 이참에 미국의 셰일오일 업계를 죽이려는 산유국들의 움직임, 특히 러시아의 방해로 OPEC가 감산에 실패한 것이다. 생산한 원유는 쌓이고 수요는 없으니 저장 창고의 여유는 점점 바닥이 나고, 결국은 "돈을 줄 테니 누가 원유 좀 가져가 주세요" 하는 마이너스 유가에 이른 것이다.

국제적인 이동이 마비되자 국제무역, 글로벌 공급망까지 일시에 마비되었다. 우리나라와 같이 경제 전체에서 수출의 비중이 큰 나라들은 엄청난 타격을 입을 수밖에 없다.

전 세계가 사회주의 경제체제가 되었다?

경제가 정상적으로 굴러갈 때 시장은 작은 정부를 원한다. 경제는 시장에 맡기고 정부는 개입을 최소화하라는 것이다. 그러나 위기 상황에서는 갑자기 큰 정부가 된다. 시장의 기능이 망가졌으니 정부가 개입할 수밖에 없다. 게다가 국경 봉쇄, 이동 제한과 같은 조치는 정부가 취하는 정책이다. 정부가 시장을 멈춰 세웠으니 그에 따른 책임도 져야 한다. 갑자기 정부의 힘이 커지는 것이다.

글로벌 금융위기 이후 미국은 제로금리까지 떨어뜨렸던 기준금리를 정상으로 회복시키는 과정에 있었다. 경기가 회복되는 과정에서는 시중에 풀린 지나친 유동성을 회수하지 않으면 인플레이션의 급등으로 이어질 수 있기 때문이다. 2018년부터 시도해서 2019년 초까지는 꾸준히 금리를 올리다가 한 템포 주춤했지만 미중 무역분쟁이 극적으로 1차 타결을 보면서 한 번 더 금리를 올렸다. 그러다 보니 한국의 기준금리가 미국보다도 낮은 현상이 나타났다. 단기간에는 그럴 수도 있지만 금리 역전이 장기화하면 한국에서 외국계 자금이 빠져나갈 우려가 있다. 미국 시장이 더 안전한데 금리도 더 높기 때문이다. 결국 2019년에 한국은행도 기준금리를 올렸다.

그런데 이런 추세가 코로나 때문에 순식간에 무너졌다. 미국을 시작으로 각국이 기준금리 인하 경쟁에 들어갔고, 한국도 사상 최저 수준으로 금리를 크게 내렸다. 몇 년 동안 애써 만들어놓은 추세가 한순간에 무너지는 것, 그것이 코로나19가 가져온 경제 위기다.

한편으로는 의외의 현상도 나타나고 있다. 당장 미국이나 한국의 주식시장만 봐도 이게 도대체 초유의 경제 위기가 들이닥친 시장이 맞나 하는 생각이 들 정도로, 반등을 넘어선 상승세가 이어지고 있고, 심지어 미국은 사흘이 멀다 하고 사상 최고치를 갈아치우고 있다. 한편으로는 미국의 소비자 물가나, 소매판매지수가 개선되었다는 뉴스도 나온다. 경제가 정말 정상으로 회복되어서 이런 현상이 일어날까? 그렇지 않다.

JP모건체이스에 따르면 미국은 예전에는 실업하면 지출을 7% 줄였다. 그런데 2020년 3~5월에는 실업해도 지출이 10% 늘었다.[15] 정상적인 상황이 아니면 결코 일어날 수 없는 일이 일어난 이유는 정부의 재난지원금 때문이다.

미국 정부는 4월에 소득 7만 5,000달러(부부 합산 15만 달러) 미만인 가정에 1인당 1,200달러를 지원했고, 17세 미만 자녀가 있으면 1명당 500달러를 추가 지원했다.[16] 또한 실업수당에 600달러의 추가 지원도 제공했으니 2020년 2분기 소매판매지수가 올라간 것은 당연한 현상이다. 그리고 그 효과가 소진된 7월에는 다시 지수가 꺾이는 모습이 나타났다.

우리나라도 비슷한 흐름을 보여 전 국민 재난지원금의 효과로 2분기에는 소비가 늘어나는 현상을 보였지만 7월 이후부터는 다시 소비심리가 하락하는 모습을 보였다. 소득이 줄어들고 그에 따라 소비가 줄어들어 돈이 돌지 않으니 정부가 재정을 투입해서 소득을 주고 소비를 유도하는 것이 재난지원금이다. 그런데 코로나19의 장기화에 따라 우리나라도 2차 재난지원금을 선별적으로 지급했고, 미국, 유럽의 각국도 추가 지원금을 지급했거나 지급을 준비하고 있다.

만약 많은 전문가의 예측대로 이 사태가 2021년 상반기까지 이어진다면, 그리고 겨울철에 독감과 맞물려서 더 큰 유행이 닥친다면 지원금을 앞으로 몇 차례 더 지급해야 할지도 모른다. 오죽하면 '전 세계가 사회주의 경제체제가 되었다'는 말이 나올까. 실제로 미국의 경제지《포브스》는 2020년 4월 "코로나바이러스 사회주의Coronavirus Socialism"라는 제목으로 이러한 현상을 분석한 바 있다.[17]

외국인과의 주식 매매 공방전, 동학개미운동

정부의 이러한 돈 풀기 정책은 투자시장에도 큰 변화를 가져왔다. 대표적인 사례가 '동학개미운동'이다. 2020년 3월 들어 코로나19로 인한 위기의 확산으로 주식시장이 크게 출렁였다. 외국인들이 주식을 대량으로 매도하면서 시장이 폭락세를 보였다. 앞서 언급한 대로 3월 19일에는 코스피지수가 역대 최고치의 하루 하락폭을 기록했다. 이때 나타난 현상이 동학개미운동이다. 그동안 외국인과 기관이 좌지우지해온 시장에서 개미들이 대거 매수에 뛰어들었다. 외국인은 20조 원이 넘는 물량을 계속해서 팔아치웠고, 개인들은 20조 원이 넘는 물량을 사들이는 공방전이 마치 구한말에 외세에 맞서 싸웠던 동학군을 연상하게 한다고 해서 '동학개미운동'이라는 이름이 붙었다.

그런데 동학개미운동이 이름을 떨치다 보니 외국인들은 계속 팔기만 했고 개인들이 시장을 떠받쳐온 것처럼 생각하기 쉽지만 실제로는 다른 양상도 나타났다. 3월 전까지는 확실히 외국인들이 많이 팔았다. 하지만 3월 5일부터 4월 16일까지 무려 30거래일 연속으로 순매수했다. 이후부터는 추세가 바뀌어 7월 들어 외국인 보유금액은 연초 수준을 회복했고, 코스닥은 오히려 연초보다 늘었다. 즉 떨어질 때 미리 팔고, 떨어질 만큼 떨어졌을 때 사는 식으로 손바꿈이 이루어진 것이다. 물론 보유

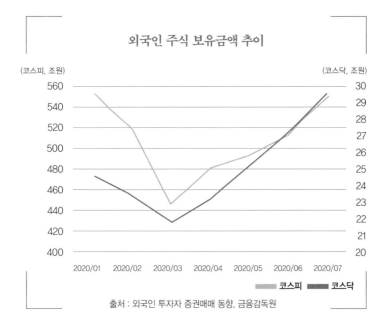

외국인 주식 보유금액 추이

출처 : 외국인 투자자 증권매매 동향, 금융감독원

금액의 변화에는 주가의 변화도 반영되긴 하지만 적어도 외국인들이 손을 턴 것은 아니고 하락 시기에는 채권으로 잠시 이동해 기회를 보고 있다가 다시 들어오는 식으로 투자를 이어간 것이다.

실제 수익률을 봐도 외국인의 성적이 더 좋은 것으로 나타난다. 3월 19일부터 4월 17일까지의 반등장에서 개인투자자의 순매수 상위 10개 종목은 33%의 수익률을 기록한 반면, 기관은 44%, 외국인은 49%였다. 그러니 동학개미군들이 외국인과의 주식 전쟁에서 승리했다고 말하기는 어렵다. 굳이 말하면 둘 다 좋은 수익을 올렸으니 '윈윈' 정도라고는 할 수 있겠다.

주목해야 할 것은 머니 무브

개인적으로 코로나19가 가져온 변화라면, 투자 면에서는 여러 기회를 잡은 반면 본업 중 하나인 강의 쪽으로는 힘든 시간이었다. 이미 잡혀 있었던 강의 일정이 대부분 취소되었고, 남은 일정 중 한 건은 화상 강의로 돌려야 했다. 두어 번의 오프라인 강의도 '사회적 거리두기' 운동 때문에 큰 강의실에 사람들을 띄엄띄엄 앉도록 해서 진행했다. 개인적인 모임의 자리도 크게 줄었다. 그러자 감정적으로 고립감을 느꼈다. 전화로 안부를 묻지만 역시 만나는 것에 비하면 교감에 한계가 있었다. 그리고 만남을 줄이다 보면 전화도 잘 안 하게 된다.

혼자 있는 시간이 많아지면 무엇을 해야 할까? 투자에 관심이 많은 사람이라면 투자에 쓰는 시간이 늘어날 것이다. 나도 매일 투자시장만 본다. 내 주위 사람들도 투자에 대한 관심이 커졌다. 투자할 만한 종목을 물어보는 사람들도 부쩍 늘었다. 요즘은 유튜브도 시작했는데 무엇을 주제로 할지를 생각하다 보면 아무래도 조회 수가 많은 주제를 떠올리게 된다. 여러 유튜브 채널을 둘러보면 주식 종목과 트렌드, 부동산 트렌드, 투자 관련 핫뉴스 등이 조회 수가 가장 많았다.

세대에 따른 차이도 있는데, 50대 이상은 앞으로 매달 받을 수 있는 수익에 관심이 많기 때문에 배당주를 선호한다. 우량주이면서 배당주인 것들에는 어떤 것이 있는지 관심이 커서 그 주제로 유튜브 방송을 해보면 50대와 60대가 가장 많이 들어온다. 반면 언택트 시대에 좋은 주식을 추천하면 30~60대까지 고루 시청한다. 언택트 시대에 큰 수익이 가능한 종목으로 네이버와 카카오를 추천했을 때는 30대와 40대의 시청이 많았다. 부동산 규제에 관련해서 규제와 세금 중심으로 설명했을 때는 50대와 60대가, 투자시장에 관한 이야기를 할 때는 30대와 40대가 많이 들어오는 패턴도 보였다. 이제는 투자에 대한 관심사도 세대별로 차이가 나는 것을 절감할 수 있었다.

최근 관심이 가는 것은 '머니 무브'다. 돈이 어떻게 움직이고 있는지, 그 흐름을 살피는 것이다. 본원 통화(현금)에 언제든지 현금화할 수 있는 요구불예금과 수시 입출금식 예금을 합치면 협의통화M1가 되고, 여기에 만기 2년 미만의 정기예금과 적금, 시장형 금융상품, 실적배당형 상품까지 포함하면 광의통화M2가 된다. 내가 M2에 주목하는 이유는 M2의 흐름은 증권시장과 부동산시장의 대기 자금성 성격이 강하기 때문이다.

코로나19 이후 M2가 급격하게 증가하는 모습이 나타나고 있다. 5월 말일 기준 국내 M2 규모를 보니 3,055조 원으로 5월 한 달 만에 35조 원이나 증가했다. 언론 보도에 따르면 그중 대출을 받아서 투자시장에 들어간 자금이 16조 원이었다. 이른바 동학개미운동이 일어난 초기에는 그 의미를 괜찮게 보았지만 돈의 흐름을 보다 보니 점점 투기로 변하는 것 같다는 걱정이 들었다. IT 버블이 한창이던 2000년 전후처럼 빚내서 투자하는 분위기가 과열되고 있기 때문이다.

1분기 기업 실적은 그다지 나쁘지 않았다. 각국의 봉쇄 정책으로 코로나19가 국내 경제에 본격적으로 영향을 미치기 시작한 것은 3월경이었고, 2분기에는 기업들이 타격을 받았다. 소비재 기업들과 자영업자들은 재난지원금과 같은 일시적인 효과 말고는 큰 호재가 없는 실정이다. 오히려 얼마나 마이너스가 날지를 전망해야 하는 게 현실이다. 실제로 한국거래소가 발표

한 2분기 연결 기준 상장기업 결산 실적에 따르면 2분기의 기업 영업이익과 순이익은 전년도 같은 기간 대비 각각 14.9%, 19.3% 줄어들었다. 이는 1분기와 비교하면 매출은 5.7%, 영업이익은 12.4% 줄어든 수치다.[18] 특히 항공과 기계 분야의 타격이 컸던 것으로 나타난다.

다행히 3분기에는 기업들이 선전했는데 영업이익은 전년도 같은 기간보다 27.5% 늘었고 순이익도 44.5% 늘었다. 위기 속에서도 반도체, 자동차, 철강을 비롯한 수출 중심 업종들이 선전했던 것이 컸다.[19] 그러나 소비재 기업과 자영업자들은 여전히 힘든 시간을 보내고 있다. 3분기는 여름휴가를 비롯해 소비가 살아날 수 있는 몇 가지 호재들이 있었으나, 8월에 국내에 코로나19가 다시 급속도로 확산하면서 사실상 휴가를 통한 소비 촉진 효과는 다 사라져버렸고, 오히려 재유행에 따른 사회적 거리두기 강화로 자영업자들은 또다시 위기에 몰렸다. 11월 말에 들어서도 또다시 감염이 급속도로 확산되면서 자영업자들의 연말 특수는 물 건너가 버렸다. 3, 4분기의 실물경제도 여전히 어려움이 큰 실정이다.

실물경제와 투자시장의 괴리가 점점 커진다는 것은 투자시장의 거품이 그만큼 커지고 있다는 것을 뜻한다. 이는 한국만이 아니라 미국을 필두로 전 세계 시장에서 비슷하게 나타나는 현상이다.

경기 추락을 막기 위해 각국 정부가 공급한 막대한 유동성이 투자시장으로 흘러 들어가고 있다. 코로나19 상황이 한국보다 훨씬 심각한 미국도 주식시장은 그야말로 날아다니고 있다. 언제까지 이런 괴리가 지속할 수 있을까? 혹시나 지금 안 들어가면 돈을 못 버는 것이 아닌가 하는 생각에 빚이라도 내서 주식시장에 뛰어들기 전에 한 번쯤 세상의 흐름 그리고 돈의 흐름을 신중하게 살펴봐야 한다.

부동산시장에 필요한 것은 장기 처방

부동산은 코로나19에도 불구하고 쉽게 불이 꺼지지 않는 모습이다. 외환위기와 글로벌 금융위기 때는 부동산시장이 빠르게 가라앉았지만 지금은 그런 모습이 보이지 않는다. 가장 문제는 누르기 일변도의, 거시적으로 보지 못하는 정부 정책이다. 정부의 정책은 큰 그림을 가지고 가야 한다. 일주일, 한 달 오르내리는 추이는 크게 신경 쓸 필요가 없는데 단기적인 흐름에 너무 집착하다 보니 단기 처방이 많다. 오르면 누르는 식이다 보니 투자 수요가 다른 데로 빠져나가는 풍선효과를 조장한다. 그러면 또 부풀어 오르는 곳을 누르고 또 투자자금은 다른 곳으로 빠져나가는, 마치 두더지 잡기식 공방이 이어지고 있다

정부 정책의 또 다른 큰 문제는 부동산 거래가 안 되게 만든다는 것이다. 집값이 내려갈 수 있는 환경이 조성되었다고 해도 실제로 가격이 오르내리려면 거래가 이뤄져야 한다. 부동산의 유동화가 쉬워야 급전이 필요한 사람들이 부동산을 내놓고 돈을 마련할 수 있는데 지금은 대출 말고는 유동화 방법이 없다. 심지어 대출도 막으니 서민들은 급할 때 돈이 없어도 집을 쉽게 팔 수 없다. 정부 정책이 시장을 왜곡시키는 것이다.

잘나가던 사람들도 위기 국면에서는 어려움을 겪는다. 자영업으로 장사를 잘하던 사람이 코로나19로 타격을 받는다고 가정해보자. 사업을 크게 벌일수록 고정 비용이 많이 나가고 매출은 급감해 손실 폭이 더 클 수 있다. 부동산이 있어서 이걸 팔아서라도 버텨야 할지 고민인데 정부 정책은 거래를 막는 쪽으로 가다 보니, 양도세 때문에 파는 것도 문제고 대출도 막히니 버텨낼 재간이 없다. 또한 부동산시장이 왜곡될수록 가격은 올라간다. 이 현상이 반복되니 단기적으로 올라가는 것을 막을 방법이 없는 상황이다. 그러나 장기적으로 보면 집값 하락 가능성은 높아졌다. 이는 단순히 코로나19만이 아니라 우리 사회와 경제 구조의 큰 흐름이 맞물려 있기 때문인데 그 이유는 뒤에 가서 좀 더 자세하게 설명할 것이다.

코로나19 이후에는 상가 시장이 많이 힘들어졌다. 자영업자들이 어려워지는 만큼 상가도 힘들어진다. 20여 년 동안 상가 중개만을 전문으로 했던 중개사도 지난 20년 동안 이번만큼 어려운 적이 없었다고 할 정도다. 상가는 앞으로도 당분간은 상당히 힘든 시간을 보낼 것으로 보인다. 한때 유행했던 꼬마빌딩도 상가보다는 조금 낫지만 그래도 상당한 타격을 받을 것이다. 지인 한 명이 갖고 있는 현금 10억 원에 대출까지 합쳐서 마련한 15~20억 원으로 구입할 수 있는 물건을 추천해달라고 부탁했다. 중개법인에 이야기하니 매물 제안이 6개나 들어왔다. 대부분 대학가의 꼬마빌딩인데, 대학교가 개학을 못 하고 온라인 수업을 하다 보니 장사가 안되어 매물이 줄줄이 나오는 것이다.

상가시장과 주택시장의 전망

단기적인 현상 말고도 코로나19는 향후 부동산시장의 큰 흐름을 바꿔놓을 수도 있다. 부동산에서 나타날 주요한 현상 중 하나는 오피스빌딩의 수요가 줄어들 가능성이 크다는 점이다. 코로나19에 따라 재택근무가 크게 활성화되었는데, 실제로 해본 결과 생각보다 긍정적인 결과를 얻은 기업들이 많은 것으로 나타나 감염병이 종식되더라도 재택근무를 적극 활용할 가능성이 크다.

　롯데그룹의 지주사인 롯데지주는 주 1회 재택근무를 도입했고 신동빈 회장도 똑같이 주 1회 재택근무를 하기로 했다. 재택근무가 정착되면 더는 지금과 같은 넓은 사무 공간이 필요 없다. 예를 들어 주 1회, 직원에 따리 요일별로 재택근무를 하고 업무 데스크를 공유하는 시스템을 적용하면 20%의 직원 사무 공간을 줄일 수 있다.

최근에는 공유형 오피스가 크게 늘어나는 추세인데, 이는 임대를 받은 후에 여러 회사가 사무실을 나눠서 사용하는 방식이다. 코로나19로 공유형 오피스가 많이 고전하고 있지만 재택근무가 활성화하면 공간 활용이 유연한 공유형 오피스의 인기가 다시 올라갈 수 있다. 이제는 오피스빌딩도 유연성과 효율성이 중요해질 것이다.

물론 오피스빌딩은 수백억 원에서 수천억 원에 이르므로 일반인이 접근하는 것은 거의 불가능하지만 오피스빌딩 시장의 변화는 그 자체로 끝나지 않는다. 오피스빌딩이 집중된 곳의 상가가 예전만 못할 수 있다. 코로나19 때문에 재택근무가 늘어나고 회식은 줄어드니 직장 주변 음식점들 중 매출이 떨어져 울상인 곳이 많다. 가뜩이나 대규모로 모여서 부어라 마셔라 하는 식의 회식이 줄고 있는데 코로나19는 이를 가속화하고 있다. 주거지 주변의 음식점이 더 잘되는 것도 새로운 추세다. 게다가 주말에도 장사가 된다. 재택근무가 하나의 트렌드가 된다면 상가나 꼬마빌딩 시장에도 영향을 미칠 수 있다.

한편 배달의 비중이 높아지는 것도 상가 시장에 상당한 변화를 몰고 올 것이다. 이미 홀을 두지 않고 배달과 포장만으로 장사하는 가게들이 눈에 띄게 늘고 있다. 배달과 포장을 전문으로 하는 음식점이 모여 주방을 공유하는 트렌드도 나타나고 있다. 배달 비중이 높아지면 큰 매장의 수요가 이전보다 줄어들 가능성, 그리고 고객 접근성이 가지는 메리트가 줄어드는 효과도 생각할 필요가 있다.

주택시장에도 영향이 있을까? 재택근무가 활성화되면 직주근접, 즉 직장과 주거가 근접할수록 좋다는 개념이 흐려진다. 재택근무자들에게 물리적 거리는 더이상 중요한 문제가 아니다. 심지어 먼 지방에 살면서도 서울에 있는 회사의 일을 할 수 있다. 반면 삶의 질, 특히 건강에 관심이 높아지면서 공기의 질이나 자연환경과 같은 요소들의 비중이 더 커질 수 있다. 이는 시장의 수요를 외곽으로 좀 더 넓게 퍼지게 하는 요인이 될 수 있다.

교육 역시 온라인 개학으로 인해 온라인 수업의 장벽이 갑자기 낮아졌다. 이렇게 강사와 학생들의 온라인 거리가 줄어들면 8학군이 무너질 수도 있다. 강남 아파트에 붙어 있는 높은 프리미엄의 상당 부분은 학군으로 인한 것인데, 'SKY 캐슬'이 무너지면 강남의 아파트도 더이상 학군 프리미엄을 누리기 어려울 것이다.

코로나19 때문에 8학군이 갑자기 몰락하지는 않겠지만 장기적인 관점에서 볼 때 학군의 프리미엄은 서서히 사라질 가능성이 높다. 물론 감염병이 종식되면 등교 개학이 전면화하겠지만 온라인 교육 솔루션이 빠르게 발전하고 거부감이 낮아지면 강남 유명 학원 강사의 강의를 지역과 관계없이 들을 기회도 많아진다. 따라서 코로나19가 주택시장에 가져올 변화도, 당장은 눈에 띄지 않아도 장기적으로는 상당할 수 있다.

인구 감소와 인구 구조의 고령화 기조는 계속 이어질 것이므로 주택 가격이 계속 상승할 것이냐에 대한 근본적인 의문도 필요하다. 주택 가격은 시간이 갈수록 안정화 추세로 갈 가능성이 크다. 지금까지는 과거에 비해 집값이 가파르게 올랐는데 앞으로 안정화 국면으로 넘어간다는 것은 그동안 붙었던 프리미엄이 계속 유지되기 어렵다는 뜻이기도 하다. 수익형 부동산이든 주택이든 부동산투자를 고려하고 있다면 장기적으로 볼 때 부동산시장이 격변의 시기를 겪을 가능성을 염두에 두어야 한다.

지금까지 IMF 외환위기를 시작으로 우리가 경험했던, 그리고 지금 경험하고 있는 위기의 역사를 되짚어봤다. 사람들은 갑작스럽게 위기가 찾아오면 좌절하고 주저앉는다. 그러나 위기는 기존의 질서를 파괴하면서 새로운 기회를 제공한다. 위기의 패턴에는 그에 상응하는 기회의 패턴도 있다는 사실을 기억한다면 위기 앞에서 좌절하기보다는 적극적으로 기회를 찾고 이를 통해 부를 창출할 수 있을 것이다. 그러기 위해서는 이전의 위기가 왜 생겨났고, 어떻게 전개되었으며 사람들은 어떻게 행동했는가를 관찰할 필요가 있다. 1부에서는 이와 같은 내용을 다루었다.

2부에서는 투자, 부동산, 창업과 같은 다양한 분야에서 위기의 공포에 휩쓸리지 않고 어떻게 하면 새로운 기회를 찾을 수 있는지 살펴볼 것이다. 또한 돈과 부채를 관리함으로써 위기가 닥쳤을 때 너끈히 이겨낼 방법도 알아보고자 한다.

90년대생이 온다

호갱은 싫어

내 딸도 1990년대생이다 보니 이 세대의 모습을 눈여겨보게
된다. 이들의 부모 세대는 자녀를 '엄마가 다 해줄게, 너는 공부
만 해'라는 식으로 키운 경우가 많다. 1990년대생들에게서 나
타나는 특징 중 하나는 도전의식이 약하다는 것이다. 위험한 일
에 도전하는 데 별 관심이 없다. 기성세대들이 젊은 세대들을
두고 도전의식 없이 안전한 공무원에 몰린다고 한탄하는 모습
을 볼 수 있는데, 1990년대생의 공무원 선호 현상은 이전 세대

보다 훨씬 심하다.

이들은 또한 의사 표시가 분명하고 호구가 되는 것을 싫어한다. 딸이 인터넷 쇼핑몰을 운영하고 있는데 주요 고객은 1990년 대생으로 20대에서 30대 초반까지다. 이들의 모습을 보면 이른바 '호갱'이 되기 싫어한다는 사실을 잘 알 수 있다. 예를 들면 제품을 받았는데 표면에 뭔가가 묻어 있으면 내 또래 세대는 제품에 하자만 없다면 그냥 닦아서 썼을 것이다. 지금은 그런 게 묻어 있다고 사진까지 찍어서 리뷰를 단다. 소비자로서도, 조직 구성원으로서도 호구가 되기를 싫어한다. 어떻게 살아야 할지에 대해서도 사회나 부모에게 끌려다니기보다는 명확하게 의사 표시를 한다.

또한 줄임말을 좋아하고, 어설프고 맥락도 없는 이야기에 열광한다. 유튜브의 인기 채널들을 들여다보면 나로서는 도무지 이해할 수 없는 이야기가 적지 않다. 이게 도대체 무슨 이야기지? 맥락도 없고 앞뒤도 안 맞는데 젊은 세대들은 열광한다. 남의 사생활을 엿보는 것도 좋아한다. 요즘 TV 예능 프로그램의 대세가 연예인들의 사생활을 아침에 일어날 때부터 밤에 잘 때까지 들여다보는 관찰 예능인 것도 이와 궤를 같이한다.

또한 공정의 문제에 민감하다. 인천국제공항의 비정규직을 정규직화하는 과정에서 불거진 이른바 '인국공 사태'가 대표적인 예다. 공채시험을 준비하던 취준생들이 분노해 정부 여당의

지지율이 큰 폭으로 떨어지고 한때 여야 지지율의 역전 현상까지 나타났다. 기회를 박탈당했다고 느낀 1990년대생들의 특성을 잘 알지 못하는 정부가 안일하게 대응하고, 일부 정치인이 실언한 것이 기름을 부은 꼴이 되었다. 앞으로도 '공정'은 우리 정치나 사회에서 아주 중요한 키워드가 될 것이고, 사회의 변화를 이끌 중요한 변수가 될 것이다.

내 집 마련보다 욜로

1990년대생이 우리 사회의 주력으로 나서면 특히 부동산시장에 큰 변화가 올 것이다. 지금 부동산시장 매수세의 주력을 이루고 있는 30대의 구매력이 소진하면 그 뒤에 올 1990년대생들은 어떤 행동을 보일까? 이들은 이전 세대와 비교해 집에 대한 관심이 확연히 떨어진다. 딸하고 이야기해보면 친구들도 집 사는 문제에는 관심이 없다고 한다. 오히려 인생은 한 번뿐, 즉 욜로에 더 관심이 많다고 한다.

호텔에서 파자마 파티를 한다고 모이거나, 예약한 인원대로 동시 입장해야 예약이 취소되지 않을 만큼 인기가 많은 음식점, 맛집들을 찾아가기도 한다. 부모 세대가 이래라저래라하는 것에는 별 관심을 두지 않는다. 어느 정도 돈을 모으고 싶지만 그럴 만큼 벌지 못하니 저축을 포기하는 이들도 많다. 큰 소비는 잘 안 하지만 소소한 즐거움을 위해, 그리고 남다른 경험을 위해서 돈을 쓰는 패턴을 보인다.

이런 1990년대생들이 앞으로 부동산시장에 어떤 영향을 줄지 생각할 필요가 있다. 지금까지는 사회에 진출해서 왕성하게 사회생활을 하고, 결혼해 가정을 꾸리는 세대가 부동산의 매수 세력으로 계속 공급되었기 때문에 시장이 유지되고 가격이 오를 수 있었다. 그런데 다음 세대가 그러한 역할을 제대로 하지 않는다면 그때는 하방 압력이 강해진다.

여러 가지 요인을 종합해서 과연 한국의 주택시장이 언제까지나 오를지를 생각해보면 지금과 같은 추세를 유지하는 것은 길어야 5년 정도로 보인다. 다만 하락이 오더라도 폭락 사태가 벌어질 가능성은 낮으며, 조정을 거쳐 하향 안정으로 가게 될 것으로 보인다.

2부
기회의 패턴

Opportunity of Money

코로나19 이후
펼쳐질 기회

6장

위기 속 기회는 어디서 오는가

큰 정부의 첫 번째 통제 수단은 돈

위기가 찾아오면 정부의 첫 번째 대응은 확장적 재정정책, 즉 돈을 푸는 것이다. IMF 외환위기 때는 공적자금을 조성해 부도 위기에 몰린 금융기관과 대기업에 주로 투입했다. 2008년 글로벌 금융위기 때는 금리를 인하했고, 코로나19에는 금리 인하와 자금 투입을 한꺼번에 실시하고 있다. 특히 외환위기 때처럼 기업 위주로 공적자금을 투입하는 방식에서 한 발 나아가, 중앙

정부와 지방 정부가 재난지원금이나 재난기본소득과 같은 이름으로 개인에게 직접 돈을 지급하는 초유의 정책도 등장했다.

평상시에도 정부는 경제에 상당한 영향력을 미치지만 경제의 기본은 시장의 자유로운 흐름이다. 그러나 위기가 닥치면 정부의 직접 개입이 불가피하다. 평상시에는 작은 정부지만 위기 시에는 큰 정부의 개입으로 경제를 이끌어갈 수밖에 없다.

코로나19로 경제가 얼어붙자 세계 각국의 정부가 직접 개입하여 강력한 봉쇄 조치, 상점 폐쇄, 국경 폐쇄와 이동 제한과 같이 국민의 기본적인 자유까지 제한하는 여러 가지 강경책들을 쏟아냈다.

위기 상황에서는 시장의 기능이 망가지기 때문에 큰 정부가 사회를 통제하는 것은 어쩔 도리가 없는 일이다. 이 경우 첫 번째 통제 수단은 돈이다. 자본주의는 물론 공산주의도 통제의 우선순위는 돈이다. 정부가 나서서 막대한 돈을 시장에 투입한다.

시중에 자금이 풍부해지면 그 돈은 어디로 갈까? 정부가 바라는 것은 기업으로 들어가 기업이 잘 돌아가는 것이다. 그러면 돈이 가계로 흘러가 소비로 이어짐으로써 생산과 소비가 정상화하고 경제가 정상 궤도로 돌아오기 때문이다.

정부가 투입한 유동성은 어디로 흘러가는가

정부의 바람대로 되면 좋겠지만 현실은 그렇지 않다. 풍부한 자금이 기업으로 유입되면 고용이 늘어야 하는데 현실적으로는 바로 고용 증가로 이어지지 않는다. 1980~1990년대에 우리나라는 한창 성장하는 시기였다. 1990년대까지는 자금이 들어가면 기업이 설비 투자를 늘리고, 설비가 늘었으니 사람이 더 필요해서 고용이 늘어나는 효과가 있었다. 고용이 늘어나면 가계 소득도 그만큼 늘어나니 선순환 구조가 잘 작동했다. 그런데 IMF 외환위기를 지나고 2000년대부터는 이러한 선순환이 제대로 이뤄지지 않기 시작했다. 저성장 시대가 왔기 때문이다. 1990년대에 두 자릿수였던 성장률이 이제는 1%대까지 떨어진 상태다.

저성장 말고도 기업에 돈을 넣어도 설비 투자와 고용으로 이어지지 않는 또 하나의 주요한 원인은 해외 투자 확대다. 2000년부터 2008년까지 중국으로 이전하는 기업들의 행렬이 이어졌다. 기업에 돈이 가도 투자를 해외에 하니 국내 경제에는 득이 될 것이 별로 없었다. 여기에 무리한 차입 경영을 했던 기업들이 몰락한 IMF 외환위기 전후의 학습효과도 있어서 2008년 글로벌 금융위기가 터졌을 때 정부가 기업에 자금을 투입해도 투자 활성화보다는 비상시태 대비책으로 사내유보금을 쌓아올렸다 당시 MB 정부가 기업들이 돈을 쌓아만 놓는 것을 막기 위해 사용한 방법이 기업소득환류제도였다. 소득의 일정 부분을 배당, 투자 또는 임금 승가를 위해 쓰지 않으면 그 차액만큼을 추가 과세하는 제도다. 쉽게 말해 '세금 낼래, 돈 풀래?'인 것이다. 그러나 기업들은 설비투자를 하느니 차라리 연구개발이나 부동산에 쓰겠다는 식이었고, 그 결과 기업소득환류제도는 큰 효과를 거두지 못했다.

기업의 생산시설이 해외로 이전하다 보니 국내 경제에서 고용이 느는 쪽은 주로 서비스업이었다. 서비스업은 사람들이 소비를 해야 경기가 일어난다. 당장 효과는 빠르지만 경기가 조금만 나빠져도 크게 위축되는 것이 단점이다. 코로나19 상황에서 실직자가 가장 많이 생긴 분야도 한국이나 미국이나 서비스업이었다.

미국은 감염병 확산으로 경제가 얼어붙자 3월 중순부터 실업수당 청구가 급증하고, 이후 6주 동안 실업자가 무려 3,300만 명으로 불어났는데 대부분 서비스업에서 발생한 것이었다. 상황이 이러하니 진정되는 듯 보였던 감염병 확진자가 다시 급증해도 봉쇄 조치를 쉽게 재개하기는 어려운 실정이나.

금융기관의 입장에서도 고민이 있다. 정부가 시중에 돈을 푸는 이유는 대출을 늘리라는 것이지만 금융기관은 대출을 회수할 수 있을지 고민이다. 정부가 기술보증기금이나 신용보증기금을 통해 보증해주는 경우가 아니라면 금융기관도 깐깐하게 심사할 수밖에 없다. 보증기금으로 지원하는 규모도 한계가 있으니, 결국 시중에 풀린 돈은 우량한 기업이나 개인에게 주로 흘러간다. 이런 '우량한' 사람들은 금리가 낮으므로 투자를 하면 수익이 많이 남는다는 사실, 즉 레버리지 효과를 잘 아는 경우가 많으므로 이런 돈은 주식이나 부동산 같은 자산시장으로 흘러간다.

결과는? 부익부 빈익빈이다. 돈 있고 신용이 좋은 사람들은 싸게 풀린 돈을 가져다 쓰기 쉬우므로 위기 국면에서 헐값이 된 자산을 그야말로 '줍줍'해서 자산을 불린다. 가진 것 없고 신용이 낮은 사람들은 이런 돈도 그림의 떡이고 돈이 생겨도 당장 생계나 자영업의 구멍을 메우는 데 급급하므로 투자는 배부른 소리다.

2013년 이후에는 위기 상황에서 금리를 떨어뜨리면 그 자금이 부동산시장으로 몰리는 현상이 나타났다. 2014년 최경환 경제부총리가 '빚내서 집 사라'는 정책을 들고나오면서 불이 붙었고, 이후 문재인 정부가 주택시장을 안정화시키려 했지만 실패했다. 이는 시장에 자꾸만 잘못된 신호를 준 정책의 실패 때문이기도 하지만 유동성의 힘이 너무 크기 때문이기도 하다.

유동성에 흔들리는 자산시장

시중의 유동성을 평가하는 기준으로 널리 쓰이는 척도는 M2다. 현금에 수시 입출금 예금을 더한 것을 M1이라 하며, 여기에 다시 만기 2년 미만의 정기예적금, 시장형 금융상품, 실적배당형 금융상품, 금융채를 더한 것이 M2다. 실질적인 시중의 유동성은 M2로 간주한다. 우리나라의 M2는 2014년과 2015년에 큰 폭으로 증가했고, 2020년에 다시 크게 늘어난 것을 볼 수 있다. M2가 증가하면 부동산시장의 급격한 상승이 나타난다.

유동성은 누르면 누를수록 더 큰 힘을 발휘한다. 돈은 물밀듯이 몰려오는데 강압적인 스타일 일변도로 흐르는 정부의 정책은 풍선효과만 키웠다. 늘어난 유동성이 부동산시장으로 흘러든다면 나갈 수 있는 길을 터줘야 한다. 대출을 묶더라도 양도세를 완화해서 거래가 일어나게 만들면 결국 가격은 내려간다. 퇴로가 없으면 거래는 얼어붙고 가격은 그냥 멈춰버렸다가 뭔가 구실이 생기면 또 불이 붙어 상승한다.

유동성이 늘어나면 주식시장도 따라서 요동친다. 2014년에 유동성이 늘어났을 때도 주식시장이 상승했다. 최근 개인투자자들이 주식시장에 대거 뛰어들어 시장 활성화를 견인한 것도 그 배경에는 유동성이 있다. 2020년 7월 말 기준 신용공여 잔고는 14조 2,119억 원으로 역대 최고를 기록했다(142쪽 그래프

M2 평잔 전년도 동기 대비 증감률 추이

(%)

출처 : 한국은행 경제통계시스템 ECOS

참조). 3월 말에는 6조 원대였지만 5월 중순에는 10조 원, 6월에는 12조 원, 7월 10일에 13조 원을 돌파했으니 한 달에 1조이상씩 늘어나는 추세가 이어지고 있다. 4월에는 15조 원 안팎이던 예탁증권 담보융자(주식담보대출) 잔액도 7월 21일 기준으로 17조 4,595억 원까지 불어나 일부 증권사는 한도가 바닥나주식담보대출을 중단하기까지 했다.[20]

이게 다는 아닐 것이다. 은행에서 대출을 받을 수 있는 사람들은 증권사보다 더 낮은 금리로 돈을 빌려 주식시장에 뛰어들었을 것이고, 주식 수익률이 좋다고 하니 더 높은 금리를 감수하면서 제2금융권에서 돈을 빌려 들어온 사람들도 있을 것이다. 2020년 상반기에 증시 관련 거래대금은 2경 6,059조 원으로 전년도 상반기에 비해 18.9% 늘어나 사상 최대 수준을 기록했다. 이 중 주식이나 채권의 매매결제 대금이 2경 4,000조 원가량이며, 하루 평균 212조 원의 대금이 시장에서 오가고 있다.[21] 대기성 자금도 3,000조 원 정도로 유동성이 풍부하기 때문에 당분간 시장은 단기적인 조정은 몰라도 큰 폭으로 하락세를 기록하기는 어려울 것이다.

게다가 7월 중순부터는 외국인들이 주식시장으로 돌아오는

2020년 증권시장 신용공여 잔고 추이

출처 : 금융투자협회

흐름이 나타나고 있다. 특히 외국인 매수세가 삼성전자에 몰리는 모습을 볼 수 있다. 미국 시장에서 FANG(페이스북, 애플, 넷플릭스, 구글의 머리글자를 딴 말)이니 GAFA(구글, 애플, 페이스북, 아마존의 머리글자를 딴 말)니 하는 대형 기술주들이 뜨는 흐름과 비슷하다. 코로나19에도 예상을 넘는 실적을 기록한 영향이 컸다. 2020년 2분기의 경우 증권사는 영업이익을 6조로 예상했지만 실제 발표는 8조를 넘었다. 전년 대비 24%나 늘어난 수치다.

2020년 7월 30일 코스피지수는 2,267.01포인트로 마감했다. 2020년 들어 코로나19 이전에 코스피지수의 최고점이 1월 22일의 2,267.25포인트였는데 코로나19 이전으로 회귀한 셈이다. 연초와 비교하면 실제 경제 상황은 아주 좋지 않다. 한국 경제는 1, 2분기 마이너스 성장이다. 그런데 코스피지수는 연초 수준을 회복했다. 3분기에는 조정기를 거쳤지만 11월부터 다시 상승하기 시작해서 결국 12월 4일에는 코스피 지수가 2,700선을 돌파했다. 11월부터 코로나19 확산세가 다시 심각한 상황으로 접어들었는데도 이러한 모습이 보이는 것은 결국 유동성의 힘이다.

1999년에도 정부가 정책자금을 투입하고 유동성이 늘어나니 주식시장이 확 뜨면서 거품이 본격적으로 끓어 올랐고, 2003년부터는 부동산시장도 회복되었다. 2008년에 글로벌 금융위기가 터졌을 때도 초기에는 무너지는 듯이 보였지만 주식시장은 유동성의 힘으로 위기를 금세 극복했다. 2014년 이후에는 유동성이 더 늘어나면서 부동산으로 열풍이 옮겨붙어 엄청난 상승을 보여줬다.

과거에는 유동성이 늘어나면 주식이 먼저 뜨고 2, 3년 후에 부동산이 상승하는 패턴을 보였지만 2014년 이후부터는 M2 증가가 부동산시장으로 먼저 유입되는 양상이 나타났다. 코로나19 국면에서는 주식과 부동산시장의 동반 상승이 이뤄지고 있다. 실물경제는 얼어붙는데 자산시장은 불타는 어마어마한 현상이 대한민국에 나타나고 있는 것이다.

이제는 과거의 경험을 통한 학습효과까지 나타나고 있다. 2019년 12·19 부동산 대책이 나왔을 때 한동안은 부동산으로는 재미 보기 힘들겠다고 생각한 사람들이 많았다. 주식시장으로 옮겨 탈 생각을 하는 사람들 앞에 코로나19라는 돌발 변수가 터졌고, 외국인들이 막대한 물량을 팔면서 주식시장이 폭락했다. PER이니 PBR이니, 여러 가지 지표를 계산해보니 이건 기회라고 판단한 사람들이 들어온 게 이른바 '동학개미운동'의 시작이있다. 여기에 유동성의 힘을 받아서 동학개미들이 더 크게 재미를 보았다.

새로운 산업의 발판

시중에 유동성이 풀리면 기업으로 가서 생산과 투자를 일으키고 고용이 늘어 가계에 돈이 가야 하지만 실제로는 예금이나 자산시장으로 이동하는 현상이 일어난다고 했다. 2020년 7월 28일 한국은행에 따르면 우리나라의 은행에 108조 7,000억 원이 유입되었다. 미국도 2002년 상반기 동안 시중은행의 예금 보유액이 2조 달러 늘었다. 일본은 2020년 6월 기준으로 전년도 같은 시기 대비 예금 잔액이 작년보다 8% 늘어난 786조 엔이었다. 세 나라 모두 전례 없이 예금이 많이 늘어난 것이다.[22] 위기 상황 속에서 앞날이 불투명하기 때문에 돈이 들어와도 일단 비축하고 보는 것이다.

그렇다면 일시적이 아니라 구조적으로 어떻게 돈이 잘 흐르게 할 수 있을까? 새로운 산업을 일으켜야 한다. 기존 산업을 탈바꿈시키는 것은 너무 어려운 일이다. 신산업을 일으킴으로써 돈도 돌리고 고용도 늘릴 수 있다. IMF 외환위기 때는 지식 기반 경제와 벤처 지원으로 신산업을 일으키려 한 반면 2008년 글로벌 금융위기 때는 신산업 관련 정책은 별로 없었고 4대강 사업을 위시한 사회간접자본SOC 사업이 주를 이뤘다. 2020년의 코로나19는 4차 산업혁명과 시대가 맞물려 있다. 각국 정부는 이에 맞춘 신산업 지원책을 내놓고 있고 우리나라도 '한국판 뉴딜'이라는 경기 부양책을 공개했다.

정부는 코로나19에 대응하기 위해, 더 나아가 4차 산업혁명 시대의 신산업을 지원하기 위해 '한국판 뉴딜'을 들고나왔다. 한국판 뉴딜은 크게 디지털 뉴딜과 그린 뉴딜로 나뉜다. 디지털 뉴딜은 주로 DNA, 즉 데이터Data, 네트워크Network, 인공지능AI, 여기에 언택트를 키워드로 하고 있다. 그린 뉴딜은 전기차, 수소차, 신재생에너지, 스마트 그리드와 같은 것들이 키워드다.

과거에는 주로 대형 토목사업 같은 SOC 사업을 일으켜 일자리를 만들었다. 하지만 이제는 SOC의 고용 효과도 예전과 같지 않은 데다가 청년들이 선호하는 일자리를 만들어야 한다는 고민도 있다 보니 5G, 클라우드, 빅데이터, AI와 같은 미래형 첨단산업들이 뉴딜의 주를 이루고 있다. 이러한 산업들이 빠른 속도로 성장한다면 디지털 뉴딜도 주효하겠지만 과연 그만한 성장이 이뤄질 것인지가 관건이다.

다행히 문재인 정부 들어 한 가지 잘한 점이라면, 1999년 일본이 강제징용 보상 문제를 놓고 한국에 대한 기습적인 수출 규제를 시행했을 때 이를 계기로 국내의 소부장(소재·부품·장비)산업을 육성하기 위해 공격적인 시원을 했던 것이다. 이는 코로나19 국면에서 이동과 무역에 급제동이 걸렸을 때 반도체를 비롯한 국내 주력 산업을 유지할 수 있는 전화위복의 기회가 되었다.

정부 정책에 힌트가 있는 이유

기회를 잡고자 한다면 정부의 정책에 꼭 관심을 가져야 한다. 정부의 정책은 곧 어디에 투자하는 것이 좋을지 알려주는 지표나 마찬가지다. 단적인 예로 대통령의 입을 주목하면 뜨는 종목이 보인다. 왜일까? 대통령도 보여주기식 쇼를 하는 측면이 있지만 그 쇼는 사람들을 설득하고 정부가 가고자 하는 방향으로 여론을 이끌어가기 위한 방법의 하나다.

2019년 일본의 수출 규제로 한일 관계가 악화하고 한국의 반도체나 디스플레이 산업의 위기론이 불거졌을 때, 대통령이 NH농협은행 본점에 가서 소부장산업에 주로 투자하는 간접상품인 '필승 코리아 펀드'에 5,000만 원을 내고 가입했다. 보여주기식 쇼라고 비판할 수도 있고, 이 펀드가 정말 큰 수익을 낼 수 있을지는 모르지만 적어도 정부에서 정책적으로 지원하겠다는 확실한 의지는 보여준 것이다. 꼭 이 펀드가 아니더라도 실제로 소부장 기업 중에 2019년 하반기와 2020년 상반기에 걸쳐 주가가 크게 뛴 종목들이 많았다.

코로나19 이후에 정부가 내세우는 한국판 뉴딜 역시 관심 있게 살펴야 한다. 5G, AI, 사물인터넷IoT, 2차전지, 해상풍력, 스마트 그리드 등 앞서 말한 한국판 뉴딜의 중심축을 이루는 키워드, 이 키워드와 밀접한 관련이 있는 종목들에 주목할 필요가 있다.

한편 정부의 규제도 눈여겨볼 필요가 있다. 오히려 규제의 역설이 존재하기 때문이다. 예를 들어 부동산 대책이 나올 때 어느 지역을 규제한다고 발표가 나오면, 역으로 그 지역 이외에는 규제 대상이 아니라는 뜻이 된다. 금액으로 규제 기준을 정하기도 한다. 처음에는 9억 이상 아파트에 대출 규제를 적용하다가 9억 원 이하 아파트에 투자 수요가 몰리니까 6억 원으로 낮췄다. 이것이 오히려 정부가 힌트를 주는 격이 된다.

이러한 현상은 주식시장에도 존재한다. 기획재정부는 2020년 6월, 2023년부터 연 2,000만 원이 넘는 주식 매매차익에 20%의 양도소득세를 매기겠다는 개편안을 내놓았다. 이후 논란이 커지자 문재인 대통령이 개편안을 수정할 것을 지시하면서 결국은 과세 기준을 2,000만 원에서 5,000만 원으로 올리는 쪽으로 수정되었다. 이렇게 되면 사람들이 주식시장에서 떠날까? 그보다는 규제를 피하는 방법을 찾을 것이다. 예를 들어 그동안은 가족 중 아빠 혹은 엄마 이름으로 한 사람만 증권계좌가 있었다면 앞으로는 온 가족이 투자자로 이름을 올릴 수도 있다. 전 국민의 주식투자 시대가 열릴 수도 있는 것이나!

이제 사람들은 순진하게 헤드라인만 보고 규제에 휘둘리기보다는 스스로 생각하고 판단한다. 규제가 있을 때는 규제에서 벗어나 있는 것이 무엇인지를 볼 필요가 있다. 반대로 정부가 무언가를 지원한다는 정책이 나오면 거기로 직접 들어가 어떤 것이 수혜를 입을지 파악하고 남보다 먼저 행동해야 한다.

새로운 세대가 산업에 일으킨 변화

신산업의 부상은 정부가 내놓은 정책을 통해 추진될 수도 있지만 사회를 주도하는 연령층의 변화 역시 신산업을 태동시킨다. 1990년대부터 세대를 구분하는 온갖 이름들이 난무하기 시작했다. 오렌지 세대, 신세대, X세대, Y세대와 같은 이름들이 등장했고 지금 사회와 경제의 주력군은 1981년부터 1996년생까지를 뜻하는 밀레니얼 세대라 할 수 있다. 이들은 IT와 스마트 기기 사용에 능숙하고 자기 의사 표현이 분명하다. 회식에 가기 싫으면 가지 않겠다고 당당하게 말하는데 이미 직장의 회식 문화는 이들을 통해 크게 바뀌었다. 밀레니얼 세대는 문화만이 아니라 산업의 변화까지 몰고 온다.

최근 사람이 아닌 인공지능을 활용해 온라인 기반으로 자산관리를 해주는 플랫폼 서비스인 '로보어드바이저'가 인기를 끌고 있다. 미국에서 시작된 이 서비스는 기존의 자산관리에 대한 의문에서 시작했다. 예를 들어 골드만삭스나 뱅크오브아메리카 BOA와 같은 곳에 자산관리를 맡기면 운용 수수료도 비싸고 자산이 적으면 아예 서비스도 받을 수 없다. 소소하지만 스트레스 안 받고 안정적인 이익을 내는 방법은 없을까? 게다가 자산이 적어도 관리받을 수 있고 수수료도 적으면 좋겠는데? 하는 질문에서 등장한 것이 로보어드바이저다.

수수료가 기존 자산관리 서비스의 30% 수준으로 저렴한 데다 고액 자산가를 위주로 하는 기존 자산관리 서비스와 달리 최소 가입금액도 적어 부담이 없다. 2008년에 만들어진 웰스프론트를 비롯해서 베터먼트, 퍼스널캐피털과 같은 회사들이 이 시장에 뛰어들었다. 특히 2008년 금융위기 이후 쟁쟁하던 투자은행들이 넘어지는 것을 보면서 그 반작용으로 로보어드바이저의 인기가 올라갔다.

이 서비스가 미국에서 폭발적인 인기를 끈 것도 IT와 스마트 기기에 능한 밀레니얼 세대 덕분이다. 과거에는 자산관리 서비스라고 하면 VIP 전용 창구에 가서 잘 차려입은 매니저한테 상담을 받아야 뭔가 서비스를 받은 느낌이었는데 밀레니얼 세대에게는 이런 것이 별로 중요하지 않다. 언제 어디서나 정보를 찾아볼 수 있는 스마트 기기가 있는데 시간을 들여 직접 창구까지 가는 게 귀찮고 서비스 때문에 내야 하는 수수료가 아깝다. 심지어 실적도 사람보다 인공지능이 점점 좋아지고 있다! 로보어드바이저 중에는 FANG, GAFA 같은 기업들의 임원들을 고객으로 둔 곳도 있다. 변화된 세대의 변화하는 사고방식이 신산업을 일으키는 사례는 매우 많다.

코로나19 국면에서 기존에는 생각지도 못했던 산업들이 '언택트'라는 이름으로 우리 앞으로 다가왔다. 그리고 이를 주도하는 주력군은 밀레니얼 세대다. 비효율적인 것을 싫어하고, 가성비를 중시하고, SNS에 익숙하며 대면에 오히려 피로감을 느끼기까지 하는 세대들의 특징은 언택트를 가속화하고, 그에 따른 산업을 발달시킨다. 따라서 주력 세대의 특징이나 이전 세대와의 차이점을 주시한다면 앞으로 어떤 신산업이 주목받을지 예측할 수 있다.

단기 흐름뿐 아니라 장기적인 변화까지 파악하라

위기 국면에서는 단기적으로는 평상시에 나타나지 않는 현상들이 나타난다. 이러한 현상들은 하나의 기회이고, 잘 이용하면 이익을 거둘 수 있다. 그러나 단기적인 현상에만 매몰되어 상황이 변화하는 타이밍을 놓치면 오히려 큰 손실을 볼 수 있다. 따라서 단기적인 흐름에 대응하는 한편으로 장기적인 상황의 변화를 예측하고 미리 준비하는 자세도 꼭 필요하다.

시장에 위기가 찾아올 때 단기적으로 가장 많이 나타나는 현상은 앞에서도 언급했지만 정부의 강력한 지원책이다. 이는 쉽게 이야기하면 고농축 비타민, 더 심하게 말하면 약물 주사와도 같다.

정부가 부양책을 쓸 때는 재정을 마련하기 위해 단기 채권을 많이 발행한다. 그러다 보면 일반적으로는 장기 채권이 단기 채권보다 수익이 더 높아야 하는데 일시적으로 단기 채권의 수익률이 더 높아지는 이상 현상이 발생한다. 물론 시간이 지나면 다시 정상으로 회복된다.

약물 투입이 효과를 내는 초기 주식시장에서는 종목 차별 없이 상승 흐름을 타는 국면이 나타난다. 이런 현상이 나타나는 초기 단계에는 종목을 세세하게 따지지 않고 사도 수익을 낼 수 있다. 그러나 시간이 흐르고 '약발'이 떨어지기 시작하면 체력이 약한 녀석부터 낙오하기 시작한다. 한 달도 안 되어 옥석 구분의 시간이 온다. 이러한 변화가 나타날 때는 PER, 배당수익률과 같은 재무지표를 반드시 따져 우량종목으로 갈아탈 채비를 해야 한다.

주식 종목을 분석하는 데는 크게 두 가지 접근 방법이 있다. 하나는 기업의 재무구조, 실적과 향후 전망을 주요한 틀로 하는 기본적인 분석이고, 다른 하나는 주가의 흐름을 중심으로 보는 기술적 분석이다. 기술적 분석으로 보면 코로나19와 같이 공포심으로 인해 시장 전반이 폭락했을 때는 시간이 지나면 조건에 관계없이 대세로 반등하는 모습을 보인다. 이런 시기에는 기술적 분석을 중심으로 투자해도 된다.

기술적 분석의 가장 큰 맹점은 상장폐지 직전의 주식이라고 해도 기술적 분석으로 보면 좋은 주식일 수 있다는 점이다. 기술적 분석에만 빠져 있으면 그와 같은 맹점이 눈에 잘 안 들어온다. 실제로 주식시장의 작전세력들은 이런 주식들에 투자자들을 끌어들여 헐값이었던 주가를 띄워 크게 한탕 하고 도망간다. 기술적 분석만 믿고 주식을 산 사람이 상장폐지나 거래정지로 큰 손해를 입는 경우도 상당수다.

위기 직후의 단기적인 흐름에는 기술적인 분석이 유효하다. 정부 지원이 이뤄지는 단계이므로 유동성이라는 '약물'의 힘을 받기 때문이다. 1, 2주 뒤부터는 차별화가 시작된다. 그때부터는 기술적 분석보다는 기본적 분석이 중요하다. 적어도 재무제표는 살펴보고 투자를 해야 하지만 이를 실행에 옮기는 개인투자자는 찾아보기 어렵다.

기본적 투자의 지표로 가장 많이 보는 척도는 주가수익비율, 즉 PER이다. PER은 주가를 주당 순이익으로 나눈 수치인데 낮으면 낮을수록 기업의 주가가 저평가되었다고 볼 수 있다. PER의 의미를 좀 더 알기 쉽게 풀어보자. 예를 들어 어떤 종목의 PER이 10이라고 가정하면 내가 그 종목에 투자해 원금을 회수할 때까지 걸리는 시간이 10년이라는 의미다. PER이 낮으면 낮을수록 투자를 해서 원금을 까먹을 가능성이 매우 낮다,

급등하는 시장 상황 속에서도 PER 변화가 별로 없는 종목들이 있는데, 이런 종목을 찾아낸다면 높은 수익을 올릴 수 있다. 배당이 이뤄지는 주식이라면 시가총액을 배당액으로 나눈 배당수익률도 눈여겨볼 필요가 있다.

위기가 종식됐을 때 어떤 일이 생길지 상상하라

위기가 변화를 가져오는 시기에는 기술적 분석과 기본적 분석 위에 실제 사람들의 생활이 어떻게 변화하고 있는지를 관찰해야 한다. 갑자기 큰 어려움이 생기면 사람들은 아무것도 하지 못한다. 그러다가 정부가 소비 촉진을 위한 각종 지원책을 시행하면 소비가 좀 일어나는 듯하다가 그 약발이 다하면 다시 소비가 가라앉는다. 소비가 정상으로 돌아오려면 결국은 위기가 종식되어야 한다. 전문가마다 2021년 초, 하반기 혹은 그다음 해로 전망은 엇갈리지만 코로나19 위기도 언젠가는 종식될 것이다. 그때 어떤 일이 생길까?

상식적으로 생각해보자. 최근 유행하는 '보복적 소비'라는 말처럼 억제되었던 욕구가 분출하면 패션, 자동차 등의 소비가 늘 것이다. 경제활동이 정상화되고 학교가 다시 제대로 굴러가면 문구류, 사무용품의 소비도 늘어난다. 그렇다면 이런 분야의 기업 중 주가가 크게 떨어진 종목을 눈여겨볼 필요가 있다.

또한 언택트든 컨택트든 계속 수익이 날 수 있는 종목들도 있는데 아마존이 대표적인 사례다. 오프라인 쇼핑은 침체하지만 온라인 쇼핑은 활성화된다. 언택트와 재택근무, 온라인 수업이 증가하면서 국내의 카카오, 네이버와 같은 회사들도 카카오톡, 메일, 클라우드 서비스 등에 대한 사람들의 접속이 늘고 사용 범위가 다양해졌다. 삼성전자의 경우에는 스마트폰 판매량은 크게 줄었지만 온라인 서비스를 이용하는 사람들이 늘자 서버 시장의 메모리 수요가 늘면서 어닝서프라이즈(기대 이상의 실적)를 기록했다. 대만의 노트북 제조사들도 1·2분기 실적이 아주 좋았다.

단기 흐름과 장기 흐름을 함께 관찰해야 하는 또 한 가지 이유는 '후유증' 때문이다. 위기가 닥치면 정부 주도로 위기에 대응하는 긴급 처방이 내려지는데, 이러한 처방들은 장기적으로는 반드시 후유증이 나타난다. 운동선수가 고용량의 약물로 단기적으로는 힘을 내는 것처럼 보이지만 시간이 지나면 부작용으로 고통받는 것과 비슷하다. 정부도 그런 후유증을 모르는 바아니지만 위기 상황에서는 그런 걸 따질 수가 없기에 긴급 처방을 하는 것이다.

가장 큰 후유증은 정부의 부채 급증이다. IMF 외환위기 이후 소비 진작을 위해 신용카드를 남발했을 때 그 후유증으로 개인 부채가 급격하게 증가하고 신용불량자가 양산되었다. 코로나19가 확산하자 정부는 기업과 자영업자들을 위주로 대출을 풀어줬다. 이렇게 대출로 버티는 자영업자들의 경우 감염병이 진정되고 소비가 정상으로 돌아오면 다행이지만 장기화하면 결국 주저앉는 사람들이 늘어날 것이다.

주택시장과 주식시장의 과열 후유증을 생각할 때

개인이 대출을 받아 집을 사는 것도 지금은 집값이 계속 오를 것이라는 믿음이 퍼져 있기 때문이지만 길게 보면 그런 보장은 없다. 홍콩도 집값이 하염없이 올라 평당 1억 원이 넘어갔지만 최근 들어 떨어지기 시작했다. 캐나다도 집값이 우리나라 뺨칠 정도로 크게 올랐다가 떨어지기 시작했다.

고성장이 이어져 사람들의 소득이 계속 쑥쑥 늘어난다면 모를까, 저성장 속에서 자산시장만 계속 오르다 보면 결국 조정이 이뤄지게 마련이다. 수요가 끊임없이 받쳐줘야 계속 상승할 수 있는데 저성장 국면에서는 불가능한 일이다. 조정이 일어나면 그동안 가려져 있던 문제들이 한꺼번에 터진다. 가장 큰 문제는 단연코 부채다. 대출을 받아 집을 산 사람들, 특히 갭투자를 한 사람들이 가장 먼저 위험에 노출될 것이다.

최근 정부 여당은 이른바 '임대차 3법'을 만들어 임대차 기간을 기존의 2년에서 1회 계약갱신 청구권을 추가해 최대 4년으로 연장했다. 집주인은 지금의 세입자를 쫓아내고 더 비싼 보증금이나 임대료로 새로운 세입자를 들이려고 하니 단기적으로는 후유증이 있겠지만 이런 상황이 끝나고 나면 임대차 3법으로 인해 시장이 안정될 가능성이 크다. 전세 가격이 계속 오르지 않는 한 집값이 오르기는 쉽지 않다. 지금과 같은 주택시장 과열의 후유증을 생각해봐야 한다.

부동산 가격의 하락은 아예 없다고, 끝까지 갈 거라고 하기에는 지금은 패닉바잉이 과도한 상태다. IMF 이후 IT 버블이 일면서 주식시장에 패닉바잉이 일어났다. 하지만 그 정점이 지나자 주식시장은 폭락했고 패닉바잉으로 뛰어든 사람들은 또 다른 의미로 패닉의 시간을 보냈다. 지금 부동산시장은 그 정도의 폭락이 일어날 가능성은 낮지만 일본과 같은 현상이 되풀이될 수도 있다.

일본은 우리나라처럼 공공주택 비율이 낮았기 때문에 고령화로 노후 세대가 많이 늘어났을 때 감당이 안 되는 상황으로 치달았다. 노후자금이 충분하지 않은 사람들은 집을 팔아야 하는데, 그렇게 되면 매물이 늘어나고 집값이 하락하기 마련이다. 우리나라는 주택연금이 어느 정도 완충 작용을 할 수 있지만, 시간이 지나고 연금 생활자들이 세상을 떠나면 매물 또는 공공

임대 형식으로 전환될 것이다. 결국 시간적 차이가 있을 뿐 일본과 비슷한 길을 걸을 가능성이 높다.

주식시장도 더욱더 철저한 종목 분석이 필요한 때다. 지금까지는 무조건 성장성이었다. 당장의 실적이 안 좋아도 미래 성장 가능성이 크면 PER이고 PBR이고 보지도 않고 담았다. 이제는 실제 수익 중심으로 배당수익률이 높아질 종목을 찾을 필요가 있다. 단기에서 중기 상황으로 넘어갈 때는 위기 국면의 해소에 따른 생활의 변화를 고려할 필요가 있고, 중기에서 장기로 넘어가는 상황에서는 실적 위주로 갈 가능성이 크기 때문에 실적 중심 투자를 할 필요가 있다. 그래야 상황 변화로 조정이 일어나고 공포의 장이 왔을 때 버틸 수 있다.

위기 국면이 진정되고 생활이 정상으로 돌아오면 소비가 회복되므로 원자재 가격 상승은 당연한 귀결이다.

처음에는 안전자산을 선호하는 심리 때문에 원화보다 상대적으로 안전한 달러의 가치가 올라간다. 하지만 시간이 지나면 미국이 푸는 유동성의 규모가 훨씬 크기 때문에 달러 가치가 떨어지고, 안전자산을 선호하는 사람들은 금이나 은으로 이동한다. 결과적으로 처음에는 달러 가치가 뛰다가, 이어 자산시장이 뛰다가, 위기 국면이 진정되면 원자재값이 뛴다. 이러한 단계적인 변화를 읽는 눈이 있어야 한다.

시중에 돈을 잔뜩 푼 정부는 언젠가 유동성을 회수하기 위한 정책을 펼 것인데 그 대표적인 것이 세금이다. 근로소득보다는 불로소득, 자산 가격의 상승과 관련한 세금을 먼저 올린다. 정부가 주식 차익에 양도소득세를 매기려 한 정책도 지금은 눈치를 보면서 원안보다 완화되는 분위기지만 언젠가는 원안대로 갈 것이라고 예상해야 한다. 주식 차익에 세금을 매기는 시기가 온다면 그다음 정부의 스텝은 무엇일까? 반드시 그를 예측하면서 자산 포트폴리오를 구성할 필요가 있다.

7장

투자의 기본기

종목 찍어주기는 망하는 지름길

내가 처음 주식투자를 시작했던 때는 우리나라에 민주화 바람이 뜨겁게 일었던 그해, 바로 1987년이었다. 당시 나는 자금관리 부서에 있었고, 우리 회사가 매수에 나서는 종목에 관심을 가지고 따라 들어가는 식으로 주식투자를 했다. 그때 내 월급이 31만 5,000원이었고, 투자 규모는 한 번에 10만 원, 20만 원 정도였다. 그때는 주식시장의 변동성이 지금보다 훨씬 커서 20만 원에 산 주식이 200만 원이 되는 일도 있었고, 당시는 가격 제한폭의 규정이 지금과 다르고 제한폭도 4%로 지금보다는 훨씬 작았지만 어떤 종목은 15일 연속 상한가를 맞기도 했다. 그때는 우리 사회가 아직 고도성장기였고 웬만한 주식은 다 잘 올랐다.

1997년 IMF 외환위기는 주식시장의 고도성장기가 막을 내리게 했다. 당시 주식을 갖고 있던 사람 중 속된 말로 '깡통을 안 찬' 사람이 없을 정도로 시장은 쑥대밭이 되었다. 다행히 나는 그 시기 전후에는 주식투자를 하지 않았다. 외환위기로 주가가 크게 떨어졌을 때는 삼성전자 주식을 3만 원대에 사서 나중에 20만 원대에 팔기도 했다. 월급으로 번 돈 이내에서 했으니 큰 규모는 아니었으며, IMF의 쓰나미에서 벗어나 있던 것만으로도 다행이라 생각했다.

그러다가 1999년부터 IT 버블이 일기 시작했다. 당시 내가 다니던 회사는 동대문 인근에 있었는데, 우리 사무실에 오는 사람마다 하나같이 인터넷 벤처니 통신회사니 하면서 어떤 종목을 아예 찍어주면서 사라는 사람들이 많았다.

주변에서 주식투자에 관해 물어오는 경우가 많은데, 예나 지금이나 무턱대고 종목을 찍어달라고 하는 사람들이 가장 곤란하다. 등쌀에 못 이겨서 종목을 추천해줬는데 기대만큼 수익이 안 나면 그보다 난처한 일이 없다. 찍어달라고 할 때 "혹시 마이너스가 나도 절대로 원망 안 할 테니까"라고 했더라도 실제로 마이너스가 나면 어떻게 된 거냐고 따지듯이 묻는다.

IT 버블이 끓어오르면서 골드뱅크, 인츠, 세롬기술과 같은 벤처 스타들이 떠오르고, 이 버블의 초입에 뛰어들었던 사람들은 많은 돈을 벌었다. 그러나 욕심은 더 큰 욕심을 낳는 법이다. 이미 많은 수익을 내고도 버블이 계속 갈 거라는 생각에 수익 실현은커녕 더 많은 돈을 투자했다가 결국 미국 나스닥발 거품 붕괴가 한국으로 이어지면서 그때까지 번 수익을 다 까먹은 것은 물론 주식계좌가 깡통계좌로 전락하면서 빚더미에 오른 사람들도 많았다.

기억을 되살려보면 외환위기 이전인 1994년부터 1997년까지 주식시장에는 작전세력이 활개를 치고 다녔다. 주변에 도는 이야기들을 들어보면 "너만 알고 있어, 이거 작전 들어간다" 하고 꼬드기는 사람들이 어지간히도 많았다. 그 말을 믿고 들어갔다가 쪽박 찬 사람도 부지기수다. 작전은 작전인데, 작전주라는 말을 믿고 들어가는 사람들을 등쳐먹는 작전이었던 것이다. 심지어 증권사에 다니는 지인 중 한 명은 친구 몇 명과 짜고 작전을 걸다가 발각되는 바람에 회사에서 해고당하고 처벌을 받기도 했다.

투자의 힌트는 일상 속에 있다

주식시장의 개인투자자 중 많은 사람이 안고 있는 문제는 단기적인 시각밖에 없다는 것인데 이것이 주식투자에 실패하는 첫 번째 이유다. 주식투자는 큰 숲을 보고 나서 나무를 봐야 하는데 숲을 볼 생각은 안 하고 당장 눈앞에 보이는 나무에만 홀려 있다. 먼저 전 세계의 경제가 어떤 흐름을 보이는지를 보고, 우리나라에 가장 큰 영향을 미치는 미국의 경제는 어떻게 변화하고 있는지, 아시아의 경제는 또 어떤지, 한국 경제는 어떤 상황인지, 그리고 한국 기업들의 상태는 어떤지 등으로 큰 시야에서 작은 시야로 범위를 좁혀가야 하는데, 종목에만 정신이 팔려 있으니 실패를 예약하는 것이나 마찬가지다.

한 언론사 직원이 재무 상담을 받으러 온 적이 있다. 언론사에 있다 보니 기자들과 종종 만남을 갖기도 했고 이들이 흘려주는 종목들을 듣고 투자했는데, 약 2억 원을 투자해 1년 만에 1,000만 원까지 쪼그라들었다. 이번에는 주위에서 집을 사면 돈을 번다고 하니까 솔깃해서 2005년경에 용인에 있는 아파트를 샀다. 광고는 서울까지 20분 거리라고 했지만 당시에는 전철도 없었고 자가용으로는 한 시간 반이나 걸렸다. 광고의 내용이 맞는지 확인하지도 않고 덜컥 사버린 것이다. 그 결과 2008년 글로벌 금융위기가 터지면서 하우스푸어로 전락해 집을 팔아도 빚을 갚을 수 없을 지경에 이르렀고, 사채까지 쓰고 나서야 나에게 찾아왔다. 몇 년만 더 기다렸다면 부동산시장도 회복되고 아파트의 교통 사정도 많이 개선되었겠지만 버틸 수 있는 여력이 전혀 없었다. 결국 그는 상담을 받고 개인회생을 선택했다. 당시 비슷한 이유로 상담을 받으러 온 사람들이 정말 많았다.

나 역시 지인들이 추천한 주식 종목을 몇 가지 샀다가 낭패를 본 적이 있다. 사자마자 주가가 올라서 기분이 좋았는데 액수가 크지는 않았기 때문에 한동안 신경을 쓰지 않았다. 그런데 나중에 보니 그때 샀던 5개 중 2개가 상장폐지, 즉 휴지조각이 된 상태였다. 액수가 크든 작든 일단 샀으면 모니터링을 해야 했는데 전적으로 내 불찰이었다.

심지어는 주식 정보 제공업체에 돈을 내고 종목을 추천받는 사람들도 있다. 입회비 200만 원에 1년 회비가 300만 원인 업체에 가입해 찍어주는 종목에 투자하는 것이다. 매일 아침 종목을 찍어주는 문자가 오는데 이런 종목 중 상당수가 처음에는 재미를 보는 것 같다가 이내 폭락한다. 받은 날로부터 2, 3일은 살짝 상승하는 경우는 종종 있는데 그다음에는 떨어지는 식이다. 그런데 사람들은 하루이틀 오르는 움직임에 크게 흥분한다.

최근에는 인터넷 메신저를 중심으로 이른바 '리딩방'이 유행이다. 자칭 주식 고수라는 사람들이 리더를 자처하고, 매일 아침 '픽'(종목 추천)을 해주면 우르르 몰려가 매입한다. 역시 회원제로 돈을 내야 들어갈 수 있다. 그런데 리딩방을 운영하는 리더가 진짜 전문가일까? 리딩방은 유사투자 자문업자로 신고만 하면 영업할 수 있기 때문에 정말 자격이 있는 전문가인지 알 길이 없다. 최근 리딩방을 다룬 언론기사들을 보면 자칭 리더들은 주식 전문가는커녕 심지어 주식투자 경험이 거의 없는 사람도 있을 정도다.[23] 아침에 픽해주는 종목도 대체로 전날 장 종료 후 시간외거래에서 오른 종목들이다. 증권사 앱으로도 충분히 확인 가능한 것을 전문가랍시고 돈을 받고 픽해주는 것이다.

주식투자를 하면서 제일 경계해야 하는 것이 누군가가 추천하는 종목이다. 추천을 받았다고 덥석 사면 안 된다. 아는 게 힘이다. 주식 초보라 잘 모르겠다고만 하지 말고 적어도 포털 사이트에서 제공하는 재무 정보라도 한번 봐야 한다. PER은 어떻게 되는지, 매출과 영업이익, 부채 비율은 어떤지, 재무제표를 한번 살펴보고 공시자료나 관련 뉴스를 찾아보는 것은 기본 중의 기본이다.

인터넷 검색 몇 번이면 주요 재무지표를 보는 방법을 텍스트나 동영상으로 터득할 수 있다. 이런 것도 찾아보지 않으면서 "주식 초보라서 아무것도 모르니 종목을 찍어달라"고 한다면 게으른 것이다. 내가 아는 어느 투자 전문가는 주말마다 아내와 함께 마트에 간다. 물건을 사면서 다른 사람들은 어떤 걸 사는지 유심히 관찰한다. 사람들이 무엇을 많이 사는지, 전과 비교할 때 어떤 변화가 있는지 관찰하면 새로운 투자의 아이디어가 떠오른다는 것이다. 모른다고만 하지 말고 자신의 일상 속에서부터 투자의 힌트를 찾아야 한다.

기업과 산업을 알아야 주가가 떨어지더라도 패닉에 빠지지 않고 냉정하게 상황을 볼 수 있다. 만약 그 회사가 좋은 실적을 내고 있고, 앞으로도 성장할 사업 모델과 기술력을 갖고 있다면 일시적으로 시장이 출렁거려도 내성을 가질 수 있다. 길게 보면 주가는 결국 실적에 수렴하기 때문이다. 반대로 시장이 과열되었을 때 테마주니 수혜주니 하면서 가격이 뛰어도 냉정하게 상황을 판단할 수 있다. 이 회사의 사업 실적이나 향후 전망이 그다지 밝지 않은데 정치인 테마주니 뭐니 하면서 단기간에 주가가 뛴다면 작전세력이 끼어 있을 위험이 크다. 기업의 가치를 제대로 판단할 수 있는 능력이 있는 사람들은 이런 바람에 휩쓸리지 않는다.

가치투자라고 말은 많이 하지만 실제로 기업의 가치를 볼 수 있는 안목을 가진 사람들은 많지 않다. 남들이 찍어주는 종목과 테마주를 쫓아다니면서 묻지마 투자를 하는 사람들은 어쩌다 운 좋게 돈을 벌 수도 있지만 길게 보면 결국 돈을 잃는다. 도박에 돈을 걸면서 부자가 되길 바라는 것이나 마찬가지다. 다양한 자료를 찾아 기업과 산업의 가치를 파악하고 자신의 가치관을 정립해서 기업의 현재와 미래를 판단할 수 있는 사람은 단기적인 흐름에 휘둘리지 않고 자기만의 가치에 따라 뚝심 있게 투자하면서 장기적으로 큰 수익을 거둘 수 있다.

빚투는 조급증을 부른다

주식투자에 실패하는 또 다른 주요한 이유는 남의 돈을 가지고 하기 때문이다. 코로나19로 유동성이 풍부해지고 자산시장으로 돈이 몰리면서 대출을 받아 투자하는 사람들이 크게 늘었다. 영혼까지 끌어모은다는 '영끌'과 빚으로 투자한다는 '빚투'는 이제 주식시장의 일반명사나 마찬가지다. 사상 최저 수준의 대출금리 시대에 대출로 투자하는 것을 덮어놓고 말릴 수는 없지만, 정말로 자신이 그 이자 부담을 감당할 수 있는지 잘 생각해야만 한다. 단기간에 큰 수익을 낼 수 있으면 이자 부담은 아무것도 아니라고 생각할 수 있지만 투자시장에 절대로 보장된 미래란 없다. 기대만큼 수익이 안 나면 이자 부담이 갑자기 확 커지고 조급증이 고개를 내민다. 주식투자는 진득하게, 신중하게 관찰하고 판단하는 사람이 돈을 버는 시장이다. 빚으로 투자하면 그런 마음을 갖기가 힘들어진다.

　사람들은 금리가 내려가거나 정부가 지원책을 내면 긴장이 풀리면서 마음이 너넉해진다. 이러한 상황은 일시적이고 마약

과도 같다. 이런 데 맛 들이면 빚이 우습게 보인다. 하지만 그러다 어느 순간 빚의 굴레에 갇혀 옴짝달싹 못 하는 신세가 된다.

요즘 주식시장에 나타나는 현상들을 보면, 2020년 9월 17일에 주식시장의 신용융자 잔고는 17조 9,000억 원 규모였다. 10월 들어 16조 원대로 내려왔지만 연초의 9조 2,000억 원대와 비교하면 약 80%나 큰 규모다. 신용융자는 3개월마다 만기가 도래한다. 만약 연말로 가면서 대주주 요건 회피와 같은 이유로 주가가 많이 빠지면 어마어마한 양의 반대매매가 나올 위험이 크다. 지금도 반대매매가 하루에 200억 원 규모로 나와서 연초의 100억 원과 비교하면 배 이상 늘어났는데[24] 주가가 많이 빠지면 정말로 위험하다.

내가 투자하는 종목이 계속 우상향한다는 확신이 없다면 신용융자는 신중에 신중을 기해 받아야 한다. 마이너스 통장이나 은행 대출, 2금융권 대출, 지인들에게 빌려서 쓰는 식으로 여기저기에 빚을 지는 것은 위험한 행동이다. 절대로 빚을 우습게 여겨서는 안 된다.

조급증은 두 가지 방향으로 작용할 수 있다. 하나는 공포심 때문에 하루라도 빨리 정리하고 빠져나오려는 것으로, 공포심에 투매하고 손을 터는 것이다. 그 순간 손실은 확정되고 시장이 회복되더라도 만회할 기회가 사라진다. 또 한 가지는 더욱 투기적인 심리에 사로잡히는 것이다. 전자보다도 더 위험한 마인드라고 할 수 있다. 어느 방향이든 조급함은 실패로 이어진다는 것, 그 조급증을 부채질하는 가장 큰 원인은 무리한 빚이라는 것을 명심하고, 기대만큼 수익이 안 나거나 단기적으로 마이너스가 나더라도 부담스럽지 않을 이자 수준이 어느 정도인지 신중하게 판단해야 한다.

주식시장을 보면 2020년 6월부터 9월까지는 흥분의 시간으로 많은 사람이 주식시장에 뛰어들었다. 하지만 뒤집어 생각하면 이때가 제일 위험했다. 1999년에 IT 붐이 일었을 때 흥분의 시간은 대략 6개월이었다. 그때는 사기만 하면 무조건 올랐으니 사람들이 몰려들었다. 이런 흥분의 시간에는 상황의 변화를 잘 관찰해야 한다. IT 버블이 일었을 때도 처음에는 정부도 IT를 적극적으로 지원했지만 시간이 지나 부작용들이 커지자 규제에 나섰다. 지금도 마찬가지다. 코로나19에 따른 위기 극복을 위해 막대한 재정을 풀었지만 미국처럼 돈을 찍어낼 수 없어 재정 확대에 한계가 있다. 그 위에 대주주 요건 강화와 같은 이슈들도 잠복해 있다. 투자 거품이 커지면 정부의 정책이 돌아서는 때가 온다. 흥분에 빠지기보다는 그때를 놓치지 않도록 상황을 면밀히 관찰해야 한다.

어떤 투자든 기다리는 자가 수익을 쟁취한다. 시간이 안겨주는 시련을 이겨내는 사람들은 터널의 끝에서 빛을 보고 돈을 벌지만 중간에서 주저앉으면 어둠에서 빠져나오지 못하고 손

실을 확정한다. 끝까지 견디고 가려면 반드시 부채 관리를 하고
현금 비중을 유지해야 한다.

나만의 투자 원칙을 세워라

투자로 돈을 버는 사람과 돈을 잃는 사람을 가르는 또 다른 중
요한 차이로 투자 원칙이 있는지를 꼽을 수 있다. 주식투자를
한다면 나는 정기적이고 안정적인 수익을 원하니 배당을 많이
해주는 종목에 투자하겠다는 것도 하나의 원칙이다. 위기 이후
에 올 변화의 흐름을 좇아가겠다는 것도 원칙이다. 각자 투자
성향이나 원하는 자금의 규모, 시기가 다르니 그것에 맞게 조건
을 설정하는 것이 좋다.

요즘 경제 방송을 보면 주식 추천을 많이 하는데, 오늘 추천
한 종목이 내일 폭락하는 경우도 허다하다. 경제 방송의 주식
추천은 차트 분석, 이른바 기술적 분석 위주다. 차트 분석에도
장기적인 변화가 반영되지 않는 것은 아니지만 대체로 그날그
날의 흐름을 위주로 한다. 이런 식의 투자를 할 경우 원칙은 사
라지고 단기적이거나 사소한 변화에도 우왕좌왕하기 쉽다.

코로나19의 시대에는 어떤 투자 원칙을 세우면 좋을까? 한
가지 예를 들어보자. 코로나19와 관련해 수혜를 볼 종목 중 가

장 저평가되어 있으면서 오를 가능성이 있는 종목이 무엇인지 찾아보는 것도 한 가지 방법이다. 가장 먼저 손꼽히는 트렌드라면 역시 언택트일 텐데 네이버나 카카오는 언택트 트렌드 속에서 실적이 크게 개선되었다. 2020년 2분기에 네이버는 1조 9,000억 원의 매출을 올렸다. 전년도 같은 기간의 1조 6,300억 원과 비교할 때 16% 이상 매출이 오른 것이다. 카카오도 9,529억 원의 매출을 올려 전년도 같은 기간의 7,330억 원에 비해 30%대의 실적 개선을 이뤘다. 영업이익과 당기순이익의 증가 폭은 훨씬 커서 두 회사 모두 2배 이상 증가했다. 이와 같이 현재의 트렌드에 부합해 실적이 개선될 것으로 예상하는 회사에 투자한다는 식으로 나름의 기준을 정할 수 있다.

　부동산도 원칙을 정해야 한다. 예를 들어 집으로 돈을 벌기로 했다면 어떻게 해야 할까? 우선 수급부터 분석해야 한다. 공급이 제대로 이뤄지는지, 사려는 사람이 많은지 들여다봐야 한다. 공급과 비교해 사려는 사람이 엄청 많으면 그 지역의 집값은 상승한다. 수급을 분석한다는 것은 수요가 어느 쪽에 몰리는지, 그리고 정부가 어떤 정책을 쓰는지, 이 두 가지를 파악한다는 뜻이다. 예를 들어 정부 정책이 계속 규제책으로 가는데도 시장에 사람이 몰리면 가격은 오른다. 다만 계속 규제하는 지역은 투자가 힘들기 때문에 투자수요는 규제가 적은 다른 쪽으로 움직이는데 이때 어디로 갈지를 예측해야 한다. 이것이 돈 버는 기술이다.

　많은 사람이 부동산투자에 실패하는 이유 중 하나는 뉴스에 쉽게 현혹되는 것이다. 뉴스는 결과를 보도하는 것이지 전망과 예측을 하는 매체가 아닌데도, 뉴스에서 영끌이니 패닉바잉이니 하면 거기 혹해서 투자하는데 이는 상투를 잡는 결과가 된다. 시장이 가라앉으면 언론들은 공포 분위기를 조성하는 기사들을 쏟아내는데, 여기에 또 넘어가 손을 떼버리면 기회를 놓치고 만다.

　지금 부동산시장의 가장 큰 위험 요소로는 2021년 6월에 적용될 개편된 종합부동산세(종부세)를 꼽을 수 있다. 새로운 기준에 따르면 세금이 2~3배 오르는 주택들이 많다. 여러 채를 갖고 있으면서 1년에 세금을 3,000만 원 내던 사람들이 6,000만 원 혹은 7,000만 원을 내야 한다면 답이 안 나온다. 그동안 돈을 벌기 위해 여러 채를 보유하던 사람들이 세금 감당도 안 되고, 대출도 주택담보대출비율LTV이 20%로 묶였으니 집을 팔 수밖에 없다. 한 지인이 의정부시에서 전세로 살고 있는데 주인이 집을 판다고 연락이 왔다. 집을 3채 갖고 있는데 그중에서 가치가 떨어지는 것부터 팔기로 했다는 것이다.

　서울의 아파트 가격 상승이 강남에서 마용성(마포·용산·성동)으로, 이어서 노도강(노원·도봉·강북)으로, 금관구(금천·관악·구로)로 계속 옮겨가고, 김포에도 10억 원이 넘는 아파트가 생기고, 구리나 의정부도 뛰었다는데, 이것이 바로 풍선효과다. 그런데 여러 채 가지고 있던 사람들이 팔기 시작하면 가치가 떨어지는 아파트부터 판다. 그러면 어디부터 떨어질지 짐작이 갈 것이다.

부동산투자에서 염두에 둬야 할 것은 천하장사라도 세금 앞에서는 도리가 없다는 점이다. 이전에는 안 팔면 된다고 버텼지만 종부세는 보유하기만 해도 내야 하는 세금이다. 또한 취득세도 크게 올랐다. 생애 최초 구입자는 취득세를 감면해준다고 해도 대출을 받아야 하는데 LTV가 20%로 줄었다. 그러니 이들의 주택 구매 수요는 크게 줄어들 수밖에 없다.

1997년 IMF 외환위기, 2008년 글로벌 금융위기 전후의 추이를 보면 부동산은 위기가 터지고 바로 떨어진 게 아니라 2년 후에 본격적으로 떨어졌다. 외환위기 때도 1997년에 당장 떨어진 게 아니다. 1999년과 2000년에 본격적으로 떨어져서 그야말로 폭락했다. 똑같이 2008년 금융위기 때도 2009년에는 특별한 변화가 없다가 2010년과 2011년에 본격적으로 떨어졌다. 큰 위기가 부동산에 미치는 충격은 2년 후부터 본격적으로 나타난다고 볼 수 있다. 코로나19 위기도 마찬가지일 것이다. 올해는 큰 변화가 없고 2021년 후반과 2022년이 위험성이 크다. 하지만 반대로 그때가 기회일 수 있다. 외환위기가 터지고 1999년과 2000년에 집을 산 사람들은 2003~2004년에 가격이 크게 오르는 것을 경험했다. 2010년 말과 2011년 사이에 산 사람들은 2013년부터 2020년까지 한 번도 안 떨어지고 계속 오르는 것을 경험했다.

언론이 조성하는 분위기를 따라가지 말고 과거의 패턴을 살펴보면 2021년 말과 2022년이 집을 살 기회임을 알 수 있다. 강력한 규제로 거래가 막히고 시장이 제대로 돌아가지 않는 상황이 언제까지나 계속되지는 않을 것이다. 정부는 부동산 정책의 실패를 만회하기 위해 LTV, DTI(총부채상환비율)를 완화할 수도 있다. 다음 대통령 선거 전에는 이런 정책을 실시할 가능성이 높다. 그러면 집값이 오르는 신호탄이 될 것이다.

결국 투자 원칙을 정한다는 것은 시장의 흐름을 이해한다는 것일 뿐 아니라 세금을 비롯한 법과 제도를 이해한다는 것이다. 이를 바탕으로 나는 얼마짜리 집을 사겠다 혹은 어디에 사겠다는 원칙을 정하는 것이 부동산투자에 성공하는 비결이다.

상가도 마찬가지로 흐름이 중요하다. 지금은 좌석이 많고 공간이 넓은 상가는 재미를 보기가 힘들다. 언택트가 대세가 되고 회식이 줄고 배달과 테이크아웃의 비중이 커지면 주방과 한두 테이블 정도만 들어가는 작은 상가의 인기가 올라갈 가능성이 크다. 길을 가다가 쓱 들어가서 음식을 사서 나오는 매장들의 인기가 올라갈 것이다. 사회적인 변화에 따라 주식이나 부동산이 어떤 흐름을 보일 것인지 예측해야 돈을 벌 수 있다.

투자하고 싶은 세 가지 이유를 찾아라

주식투자에 실패하는 세 번째 이유는 투자 목적이 불분명하기 때문이다. 주식투자를 하면서 어떤 종목을 선택할 것인가? 이를 위해서 나는 왜 투자를 하는지, 투자해서 무엇을 얻으려고 하는지를 고민해야 한다. 단순한 '수익'이 목표가 아니라 더욱 세분화해야 한다. 예를 들어 안정적인 배당금 수익을 얻는 것이 목적인지, 장기간 보유해 기업의 가치가 커졌을 때 수익을 내는 것이 목적인지, 이런 정도라도 정해야 한다. 가치투자의 경우에도 5년 혹은 10년이라는 장기간을 내다보고 꾸준하게 투자할 수도 있고 코로나19 이후처럼 변동성이 클 때는 단기간의 성장 가치를 보고 투자할 수도 있다. 단기간이든 장기간이든 중심은 기업의 가치가 돼야 한다. 그 가치는 재무제표에 숫자로 나타나는 자산일 수도 있고 숫자화하기 힘든 지적재산권이나 연구개발 기술일 수도 있다.

개인투자자들이 쉽게 혹하지만 가장 위험한 것이 이른바 '테마주'다. 테마주는 하루 동안 상한가까지 올랐다가 순식간에 떨어지는 일도 비일비재하다. 자신은 무릎에서 사서 어깨에서 팔 수 있다고 착각하면서 뛰어들지만 정반대로 어깨에서 샀다가 무릎에 파는 경우가 대부분이다. 특히 이른바 정치인 테마주는 정말 위험하다. 예를 들어 한 차기 대권 주자의 지지율이 올라가니까 그 정치인의 이름을 달고 테마주가 거론되는데 해당 정치인의 정책이나 배경에 관련된 종목도 있고, 심지어는 기업 대표가 대권 주자와 동창이라는 이유로 그 기업의 주식이 테마주로 엮이기도 한다.

개인이 테마주에 투자하면 백발백중 망한다. 테마주 중 상당수가 기업의 가치와는 동떨어진 말도 안 되는 종목으로 개인투자자는 사고파는 타이밍을 절대 제대로 잡지 못한다. 그런 방면의 이른바 '고수'들이 시장을 장악하고 있으니 개인투자자가 덤비는 것은 무술의 고수한테 갓 도장에 들어온 초보가 덤비는 셈이고 그대로 돈을 갖다 바치는 것이나 마찬가지다.

테마주에 투자하는 이유도 왜 투자하는지, 무엇을 위해 투자하는지 목적을 분명히 하지 않고 당장 돈 벌 욕심에만 정신이 팔렸기 때문이다. 주식투자에서 제일 중요한 것은 경제와 트렌드를 읽는 눈이다. 어느 주식투자 고수는 이렇게 말했다.

"스스로를 설득할 확실한 세 가지 이유가 있으면 무조건 투자하라."

2~3개월 전부터 "아시아나항공 주식을 사도 될까요?"라는 질문을 종종 받았다. 아시아나항공은 원래 금호아시아나그룹의 부실 때문에 재무구조도 좋지 않았지만 코로나19로 항공업계 전체가 궤멸적인 타격을 입고 있다. 현대산업개발의 인수도 무산되었다. 그러는 동안 주가가 크게 떨어졌고, 주가가 떨어졌으

니 지금 매수에 나서는 게 어떨까 하고 생각하는 사람들이 늘어났다. 주가가 떨어졌을 때 사면 수익을 낼 확률이 높지만 싸다고 무작정 사는 것도 금물이다. 회사의 상태가 더 나빠지면 주가는 얼마든지 더 떨어진다. 이 종목을 사기 위해 나를 설득할 이유 세 가지가 있을까? 내가 생각해본 가능성은 이렇다.

첫 번째는 국유화 가능성이다. 우리나라의 양대 항공사는 국제 항공 교통과 물류를 책임지는 국가 기간산업이고 많은 고용을 책임지고 있기에 단순한 시장 논리로 방치할 수 없다. 현대산업개발의 인수 무산에 따라 아시아나항공은 채권단 관리 체제로 들어갈 텐데, 한동안은 혹독한 구조조정의 시련을 겪겠지만 결국은 재무구조를 개선해 다시 매각에 나서거나 극단적으로는 국유화까지도 생각해볼 수 있다.

두 번째는 화물이다. 2020년 2분기에 대한항공과 아시아나항공은 나란히 흑자를 기록했다. 여객 수요는 급격하게 떨어졌지만 화물 수요가 받쳐주면서 깜짝 실적을 냈다. 과연 3분기에도 이런 실적이 가능할까? 화물 분야의 경쟁이 치열해지면서 수익성이 하락하고 다시 적자로 돌아설 가능성이 높지만 3분기에도 흑자 가능성이 있다고 예측한다면 투자할 이유가 될 것이다.

마지막으로 주가가 지금 수준에서 더 나빠질 것인가? 그 답은 이 책을 보는 시점에 따라 달라질 것이다. 11월 16일 산업은행 주도로 대한항공이 아시아나항공을 인수한다는 발표로 아시아나항공의 주가가 크게 상승했는데 실제 성사되기까지는 넘어야 할 산이 많으므로 좀 더 지켜봐야 한다.

이는 절대 아시아나항공에 투자하라는 의미가 아니다. 어떤 종목에 투자하고 싶다면 이처럼 적어도 세 가지의 '투자할 이유'를 찾고, 그 이유를 설득력 있게 이해시킬 수 있을 만큼 그 종목과 산업을 이해하고 있어야 한다는 뜻이다. 초보일수록 당장 돈을 벌고 싶어서 테마주에 덤비는데 그런 곳에 돈을 버리지 말고 먼저 '왜 투자하는가'에 대한 나만의 답을 구하고, 투자의 기본기를 다지는 데 충실해야 한다.

다시 한번 당부하지만, 조급증은 투자를 망치는 지름길이다. 돈을 버는지 잃는지는 그에 달렸다고 해도 과언이 아니다.

투자는 절대로 단거리 달리기가 아니다. 남들보다 빨리 골인하겠다고 초반부터 전력 질주하면 금방 에너지를 소진하고 지쳐 나가떨어진다. 옆에 있는 선수가 달린다고 일반인이 덩달아 같은 페이스로 달리면 결과는 보나 마나다. 나를 알고, 내게 맞는 최선의 페이스로 꾸준하게 달린다면 반드시 골인 지점에 다다를 수 있을 것이다.

자산 배분을 확실하게 하라

위기 상황이 되면 사람들은 흥분하기 쉽다. 투자했던 돈을 모두 빼서 현금화하거나, 주변의 분위기에 휩쓸려 가진 돈을 달러, 금 혹은 주식에 올인하는 사람들이 적지 않다. 이 경우 상황이 내가 올인한 것과 반대 방향으로 가면 치명상을 입을 수 있다. 평소에도 그렇지만 위기 국면에서는 반드시 자산 배분 원칙을 정해야 한다. 현금 비중을 30~40%로 유지한다든지, 주식 비중은 가격이 많이 쌀 때는 확 늘렸다가 가격이 오르면 절반 이상을 줄인다든지 하는 식으로 자산을 어떻게 배분할지 원칙을 정할 필요가 있다.

집을 살 것인지, 전세로 살 것인지를 고민할 때도 길게 보고 자산 배분의 원칙을 정할 필요가 있다. 우리나라의 경우 주거와 관련된 비용이 너무 커졌기 때문에 전체 자산 중 부동산의 비중을 늘릴 수밖에 없지만 그래도 한쪽으로 과도하게 쏠리는 것은 금물이다.

사람들은 정부 정책에서 자꾸 순기능만 보는 경향이 있다. 임대차 3법을 보면서 세입자들은 '앞으로 4년간은 걱정 안 해도 되겠네……' 하고 좋아할 수 있지만 반대로 집주인들은 '4년 동안 올릴 수 없다고? 그럼 이번에 확 올려야겠네'라고 생각할 수 있다. 순기능만 생각하지 말고 역기능도 보면서 앞으로 어떻게 할지 판단해야 한다.

서민들의 자산 구성은 현금, 주식 등의 금융자산, 부동산의 세 가지가 전부다. 그 밖에 노후자금 정도를 생각할 수 있을 것이다. 구성 요소가 그리 많지 않으니, 어떻게 배분할지 명확히 해야 한다. 부동산과 주식의 비중을 조절하고 상황에 맞춰서 현금 비중을 늘렸다 줄였다 하는 원칙을 정할 필요가 있다.

끝으로 한 가지 팁을 알려주자면, SNS에서 찾을 수 있는 경제 지식을 놓치지 말라는 것이다. 예전에는 부동산이나 주식에 투자하는 사람들이 신문이나 TV만 열심히 봤다. 요즘은 SNS나 유튜브 같은 채널에 전문가들이 알려주는 좋은 정보가 많이 올라온다. 그러한 지식을 익힐 것을 당부하고 싶다. 예를 들어 부동산과 관련해서는 미래에셋증권의 이광수 전문위원이 명쾌한 이야기를 자주 올리는데 리서치와 수급 분석이 뛰어나므로 꼭 참고하길 바란다. 집값이 오른다고 사람들을 몰아가는 뉴스만 볼 게 아니라 위험성을 설명하는 내용도 함께 볼 필요가 있다.

주식도 마찬가지다. 유튜브의 삼프로TV 등은 경제에 대한 냉철한 분석으로 유명하다. 경제 방송에 나오는 기술적 분석보다는 기업과 산업, 사회의 흐름을 제대로 짚어주는 명망 있고 인지도 높은 사람들이 제공하는 SNS 경제 지식이 훨씬 유용하다. 게다가 대부분 공짜다. 이런 보석 같은 정보들을 잘 챙겨보면 돈을 잃지 않는 투자를 할 수 있다.

8장

코로나19 이후 주목받을 분야

"코로나19 이후의 세상은 그 이전과는 다르다."

"코로나19 이전의 일상으로는 결코 돌아갈 수 없다."

요즘 우리는 이런 말을 자주 듣는다. '뉴노멀new normal', 즉 '새로운 기준'이라는 말에도 익숙해져 가고 있다. 언젠가는 세상과 우리의 일상이 정상으로 돌아오겠지만 예전과 같은 정상은 아니라는 의미다. 과연 우리에게는 어떤 세상이 펼쳐질까? 그리고 뉴노멀의 세계에서는 어떤 기회가 새로 등장할까?

언택트

접촉, 대면을 뜻하는 contact 앞에 부정, 반대의 뜻을 나타내는 접두사 un-을 붙여 만든 언택트untact는 이제 우리의 일상을 상징하는 단어가 되었다. 사실 이 단어는 코로나19로 생긴 단어는 아니다. 이 단어가 처음 등장한 것은 2017년 10월에 발간된 『트렌드 코리아 2018』이라는 책이었다.

『아프니까 청춘이다』라는 책으로 큰 인기를 끈 서울대 소비자학과 김난도 교수가 운영하는 서울대 소비트렌드분석센터에서는 해마다 다음해의 소비 트렌드를 예측하는 『트렌드 코리아』 시리즈를 펴내고 있다.

2017년에 맥도날드를 비롯한 오프라인 매장에 무인 주문 시스템인 키오스크가 등장하기 시작했고, 우리의 일상적인 활동 중에 온라인 비대면으로 대체되는 것들이 하나씩 늘어났다. 이러한 트렌드와 관련된 기술을 표현하기 위해 고안한 단어가 '언택트'였던 것이다.[25] 영어로 만든 신조어지만 영어권에서는 쓰이지 않는, 일종의 콩글리시인 셈이다. 영어에서는 contactless 또는 no-contact와 같은 표현을 사용한다.

언택트는 코로나19 이전, 메르스 때부터 이미 성장하기 시작했다. 다만 메르스는 비교적 짧은 시간 안에 끝난 데 반해 코로나19는 이미 장기전이 되고 있다. 설령 효과적인 백신이나 치료제가 나온다고 해도 코로나19가 완전히 사라지기보다는 변종을 낳으면서 마치 독감처럼 해마다 계절 유행병으로 남을 거라는 전망도 있다. 이런 환경 속에서 언택트는 우리의 일상 곳곳을 빠르게 파고들고 있다.

당장에 수익이 날 비대면 사업 모델로 대체할 대안이 마땅치 않은 항공과 여행은 가장 큰 타격을 받은 분야다. 최근 들어 싱가포르항공, 대만 에바항공 등은 목적지가 없는 항공편을 운항하기 시작했다. 각국의 국경 봉쇄로 해외 여행길이 막힌 사람들을 대상으로, 비행기를 타고 출발했다가 하늘을 한 바퀴 돌고 다시 출발했던 곳으로 돌아오는 것이다.

대만의 에바항공은 타이베이에서 출발해 제주도 상공을 둘러본 후 다시 타이베이로 돌아오는 항공편을 운항하면서 기내식으로 치맥을 제공했는데 반응이 무척 좋았다고 한다. 우리나라에서도 아시아나항공이 처음으로 10월에 인천 공항에서 출발해 우리나라를 한 바퀴 둘러보고 인천 공항으로 되돌아오는 항공편을 두 차례 운항했는데, 오픈 당일 순식간에 매진되었다. 그만큼 많은 사람이 여행을 그리워하고 있다는 뜻이기도 하고, 한편으로는 그만큼 항공사들이 악전고투하고 있다는 뜻이기도 하다.

비대면 상담, 비대면 주문 배달, 비대면 쇼핑과 같은 언택트는 코로나19 이전에도 일상화되어 있었다. 그러나 코로나19가

장기화함에 따라 최근에는 그 수요가 빠르게 확대되고 영역도 넓어졌다. 공연, 강의, 의료, 자문을 비롯해 비대면으로 안 되는 게 없을 정도다.

오프라인에서도 비대면은 증가하고 있다. 앞서 '언택트'라는 말이 나타난 배경에는 맥도날드의 키오스크와 같이 오프라인의 무인 시스템이 확산하는 트렌드가 있었다. 미국에서 시험 운영을 시작한 '아마존 고Amazon Go'는 줄을 서거나 계산을 할 필요가 없다는 의미의 '노 라인즈, 노 체크아웃No Lines, No Checkout'을 모토로 내걸었다. 쇼핑하면서 아예 직원을 만날 필요가 없다. 손님이 매장에 들어서면 손님의 스마트폰에 설치된 앱을 통해 동선을 추적한다. 모든 상품에는 센서가 장착돼 있어 손님이 물건을 카트에 넣으면 그 내역이 추적되므로 손님은 사고 싶은 물건을 들고나오기만 하면 된다. 매장을 나갈 때 자동으로 계산이 이뤄지고 미리 등록된 신용카드로 결제까지 끝나기 때문이다.[26]

이러한 변화는 결국 일자리 감소, 즉 실업의 증가로 이어질 가능성이 크다. 비대면은 자동화와 함께 간다. 자동화란 기계가 사람을 대신한다는 뜻이다. 자동화의 걸림돌 중 하나는 초기 투자비용이 많이 든다는 것이었지만 그조차도 장벽이 낮아지는 추세다. 제조용 로봇의 가격은 1990년대에 100만 원이었다면 지금은 25만 원에 불과할 정도로 크게 낮아졌다. 1년 치 인건비를 투자하면 제조업 일자리 하나를 로봇으로 대체할 수 있는 수준이다. 게다가 요즘은 유동성이 넘쳐나니 투자금 조달 부담도 적다. 우리나라 기업들은 일자리를 줄이고 자동화를 확대하고 싶어도 기존 질서와의 충돌, 노조의 반발과 같은 벽에 부딪혀 쉽지 않았다. 코로나19는 기업에 자동화와 무인화를 현업에 적용하는 절호의 기회를 제공한 셈이다.

자동화의 바람은 비단 제조업에만 해당되는 것이 아니다. 이전에는 인간의 두뇌와 전문성이 필요하기에 기계가 대체할 수 없을 것이라고 믿었던 일자리들도 AI 기술의 발전으로 기계화가 확산하고 있다.

법조계에서도 시간이 많이 드는 일 중 하나인 기존 판례 검색 및 분석을 AI가 대신하고 있으며, 의료계도 최근 영상 진단 자료 분석에 AI를 동원하고 있다. '인간만이 할 수 있는 일'은 시간이 갈수록 줄어들 것이다.

최근 들어 한국은 물론 세계적으로 기본소득에 대한 논의가 뜨거워지는 이유도 자동화와 무인화로 일자리가 점점 줄어드는 미래에 사회가 어떻게 대처해야 하는가에 관한 관심이 커지고 있기 때문이다. 일자리가 줄어들면 소득이 줄어든다. 소득이 줄어들면 구매력이 줄어들어 상품과 서비스에 대한 수요가 줄어들고, 이는 기업들의 실적 악화로 이어진다. 경제의 기본적인 흐름이 무너지는 것이다. 이러한 악순환을 해결할 한 가지 방안으로 부상한 것이 기본소득이다.

코로나19에 따른 경기 추락을 막기 위해 우리나라에서도 중앙 정부가 긴급재난지원금이라는 이름으로 일시적인 기본소득을 제공했으며 미국과 유럽 각국도 비슷한 성격의 지원금을 지급했다. 코로나19가 무인화와 자동화를 가속화하고 대량 실업을 일으키면서 기본소득과 같은 정책적인 대안에 대한 더 많은 논의가 이뤄질 가능성이 크다.

또 하나의 언택트 트렌드로는 이른바 '온택트on-tact'를 들 수 있다. 이는 온라인으로나마 대면 경험에 근접한 경험을 제공하는 서비스를 말한다. 인간은 결국 사회적 동물이다. 2020년 초에 코로나가 폭발적으로 번질 때는 여름이 되면 바이러스의 활동성이나 전염력이 떨어지므로 몇 달 정도면 진정될 것으로 기대하는 사람들이 많았다. 하지만 사태가 장기화하고 국경 봉쇄, 이동 제한, 집회 및 모임, 공연의 제한 또는 금지와 같이 대면 사회생활을 막는 여러 가지 조치들이 취해지다 보니 고립감, 우울감, 좌절감을 느끼는 사람들이 많아져 '코로나 블루'라는 신조어까지 등장하게 되었다.

그에 따라 비대면이라고 해도 어느 정도 대면 경험을 재현함으로써 고립감을 덜어주려는 움직임이 활발하게 나타나고 있다. 전자상거래도 단순히 인터넷 웹사이트에서 쇼핑하는 것을 넘어, 홈쇼핑을 옮겨놓은 것처럼 라이브 스트리밍으로 이른바 '숍 스트리밍'을 하는 경우가 늘고 있다. 이는 단순히 홈쇼핑처럼 일방적으로 정보를 전달하는 차원을 넘어 실시간 고객 댓글을 읽어주거나 질문에 답하는 식으로 쌍방향 소통을 추구하는 쪽으로 나아가고 있다. 특히 중국에서 숍 스트리밍으로의 전환이 빠르게 이뤄지고 있다.

상하이에 본사를 둔 '린 칭수안'이라는 화장품 기업은 중국 내 코로나19 확산이 심각했던 2020년 초에 오프라인 매장의 절반 가량을 폐쇄했고 이로 인해 춘절에 매출이 전년 대비 90%나 감소했다.[27] 하지만 숍 스트리밍으로 발빠르게 전환하면서 오히려 2020년 1분기 매출이 전년 동기 대비 120% 상승하는 성과를 올렸다. 1,600여 명의 매장 직원들이 쇼호스트로 변신, 온라인의 고객들과 대화하고 제품을 추천한 결과다.[28]

교육 역시 원격 교육이 갑자기 시작되면서 온라인 교육 플랫폼 비즈니스가 급속하게 성장하고 있다. 이전에도 인터넷 강의, 즉 인강 시장은 중고생을 중심으로 성장하고 있었지만 코로나19로 다양한 연령대로 확대되고, 유명 강사들의 유치 경쟁도 치열해지면서 질적인 성장 속도도 빨라지고 있다.

영화관이나 공연장에 가기 힘들어지면서 넷플릭스나 디즈니 플러스와 같은 OTT Over The Top 시장의 성장세가 빨라지는가 하면, 뮤지컬, 오페라, 콘서트 등의 무대예술도 온라인으로 유료 관람이 가능해졌다. 앞으로도 대면 기반의 사회 활동과 비즈니스를 비대면 온라인으로 전환하고, 그러면서도 과거의 대면 경험에 근접한 가상 경험을 제공하려는 시도는 점점 더 많은 분야로 확산하고 기술 혁신과의 결합으로 그 수준은 더욱 높아질 것이다.

바이오와 헬스케어

일전에 건강검진을 받으러 갔다가 깜짝 놀랐다. 검진을 마치고 상담을 받는데, 의사가 영상으로 바깥쪽 피부부터 안쪽까지 한 겹씩 벗겨내면서 내 몸속을 보여준다. 어디에 꽈리가 있고, 양성 종양이 어느 부위에 작게 생겨났는지 세세하게 보여주는 것을 보고 입이 떡 벌어졌다. 더 나아가 AI로 영상을 분석하면 사람 눈으로는 볼 수 없는 미세한 이상까지도 잡아낼 수 있는데 최근 우리나라의 몇몇 대학병원에서 이 기술이 실제 임상 적용 단계에 접어든 상태라고 한다.

바이오 헬스케어 산업은 코로나19로 큰 전환점을 맞게 되었다. 당장 눈앞에 보이는 변화는 관련된 의약품 개발 경쟁이다. 이미 한국의 진단키트는 세계적으로 인정받아 밀려드는 주문에 즐거운 비명을 지르고 진단 시약 제조사들의 주가가 큰 폭으로 뛰었다. 또한 세계적으로 백신과 치료제 개발에 사활을 걸고 각국이 물량 확보 경쟁을 벌이고 있다. 우리나라 역시 정부에서 관련 업계에 외국 제약사보다 늦게 개발하거나, 개발 완료 전에 코로나19가 종식되더라도 미래 기술 확보를 위해 끝까지 밀어주겠다고 공개적으로 선언한 만큼 치료제와 백신 개발이 활발하게 진행되고 있다.

한편으로는 병원, 요양시설과 같은 곳에서 코로나19 집단감염이 속출하면서 병원을 꺼리는 현상도 나타나고 있다. 이런 시설들은 질병이 있거나 나이가 많거나 한 이른바 '고위험 집단'이 많이 찾는 곳이다 보니 더욱 위험성이 크다. 이 때문에 정부에서도 일시적으로 제한된 조건하에 비대면 진료를 허용한 상태다. 앞서 언급한 언택트 트렌드는 이번 사태를 통해 의료계에도 확산해 원격진료와 바이오공학의 성장에 불을 댕길 것이다. 일례로 스마트 워치는 걸음 수, 수면 시간과 수면의 질, 심박수 및 불규칙한 박동수 감지와 같은 기능에 최근에는 혈압 체크 기능까지 갖췄다. 또한 삼성SDS의 디지털 헬스사업부가 분사해 만든 '웰리시스'라는 스타트업은 가슴에 작은 패치를 붙이면 심장의 상태를 지속적으로 모니터링해 데이터를 병원으로 전송하는 서비스를 제공한다.[29]

심혈관계 질환은 특히 갑작스럽게 일어나며 사전에 조짐이 나타날 때 또는 발작 초기에 빠르게 대처하지 못하면 치명적인 결과를 가져오는 까닭에 24시간 상태를 관찰하고 문제가 발생했을 때 즉시 환자 본인이나 의료기관에 통보할 수 있는 바이오 모니터링 기술은 그 발전 속도와 성장세가 더욱 빨라질 것이다.

다만 원격진료와 바이오 헬스케어는 단순히 기술적 발전만이 아니라 사회, 특히 의료계의 합의가 중요하다. 당장에 의사단체들은 원격진료는 결국 대형병원들이 1차 의료시장까지 침범하는 것으로, 지역의 소규모 병의원들은 고사하게 될 것이라고 강력히 반발하고 있고, 의료 관련 여러 시민단체는 원격진료는 의료 민영화로 가는 수순이라며 반대하고 있다. 그러나 코로나19로 대면 진료를 기피하는 사람들이 많아지고, 이러한 발전을 지지하는 여론이 다수가 된다면 원격진료와 바이오공학의 발전 속도는 매우 빨라질 것이다.

그린

코로나19 이후 급부상하고 있는 키워드 중 하나는 '그린'이다. 이번 사태로 항공편이 크게 줄고, 유럽의 경우 아예 집 밖으로 나오지 말라는 극단적인 이동 제한 조치까지 취해 자동차 사용량도 대폭 줄어들었다. 그러자 대기 환경이 극적으로 좋아지는 현상이 나타났다. 중국 역시 사태 확산 초기에 강력한 이동 제한 조치를 취한 결과 미세먼지 발생량이 크게 줄었다. 해마다 봄철 중국발 미세먼지에 시달려온 우리나라도 2020년에는 미세먼지를 그다지 걱정하지 않아도 되었다.

기후변화 문제가 심각해지면서 자연재해가 더욱 자주 일어나고 그 규모도 커지고 있는 것도 문제다. 미국은 대형 허리케인의 발생 빈도가 증가하고 있고, 미 서부의 산불은 2020년 역대 최대 규모로 악화하면서 9월 초 기준으로 우리나라 전라북도 전체 면적보다 더 큰 면적이 피해를 입었다. 문제는 이런 대형 산불로 엄청난 양의 가스가 발생해 대기를 오염시키는 악순환이 발생한다는 점이다. 이미 기후변화 자체는 막을 수 없는 지경에 이르렀고, 하루빨리 속도라도 늦추지 않으면 인류의 생존 자체가 위협받을 수 있다는 전문가들의 경고가 점점 현실로 다가오고 있다.

코로나19 이후 특히 유럽을 중심으로 한 경기 부양책의 핵심은 '그린'이다. 이미 유럽연합[EU]은 신재생에너지와 전기자동차에 대한 지원을 대폭 확대하는 '유럽 그린딜[European Green Deal]'을 발표했다. 유럽의 그린딜은 2050년까지 탄소 중립을 달성하는 것을 목표로 하고 있다. 탄소 중립이란 기후변화를 일으키는 온실가스의 주범인 이산화탄소를 배출한 양과 이산화탄소를 흡수한 양이 같거나 흡수한 양이 더 많을 때 달성된다. 유럽은 세계에서 가장 강력한 온실가스 배출 억제 정책을 펼치고 있지만 이를 한층 강화하여 더욱더 빠른 속도로 탄소 중립을 향해 나아가겠다는 것이다. 중국도 2020년 9월 유엔총회를 통해 2060년까지 탄소 중립을 달성하겠다는 깜짝 발표를 했다.

한국도 코로나19에 따른 경기 부양책으로 '한국판 뉴딜' 정책을 발표했고, 그 두 축으로 디지털 뉴딜과 그린 뉴딜을 제시했다. 그린 뉴딜은 다시 3대 분야, 8대 과제로 나뉜다. 먼저 '도시·공간·생활 인프라 녹색 전환 분야'에는 국민의 생활과 밀접한 공공시설 제로 에너지화, 국토·해양·도시의 녹색 생태계 회복, 깨끗하고 안전한 물 관리 체계 구축의 세 가지 과제가 포함되어 있다. '저탄소·분산형 에너지 확산 분야'에는 신재생에너지 확산 기반 구축 및 공정한 전환 지원, 에너지 관리 효율화와 지능형 스마트 그리드 구축, 전기차·수소차 등 그린 모빌리티 보급 확대의 세 가지 과제를 담고 있다. '녹색산업 혁신 생태계 구축 분야'는 녹색 선도 유망 기업 육성 및 저탄소·녹색 산업단지 조성, 연구개발·금융 등 녹색 혁신 기반 조성의 세 가지 과제로 구성되어 있다.

이러한 그린 뉴딜 정책에 따라 수혜를 입을 것으로 예상되는 태양광발전, 풍력발전, 2차전지, 스마트 그리드 등에 관련된 주요 종목들은 이미 주식시장에서 큰 폭의 상승세를 보였다. 전기차, 배터리, 신재생에너지 관련 산업은 전 세계적으로 커다란 성장세를 보일 것이며, 2차전지는 2030년까지 반도체시장의 규모를 넘어설 것이라는 전망이 나오고 있다. 또한 한국판 그린

그린 뉴딜

도시·공간·생활 인프라 녹색 전환	– 국민 생활과 밀접한 공공시설 제로 에너지화 – 국토·해양·도시의 녹색 생태계 회복 – 깨끗하고 안전한 물 관리 체계 구축
저탄소·분산형 에너지 확산	– 신재생에너지 확산 기반 구축 및 공정한 전환 지원 – 에너지 관리 효율화 지능형 스마트 그리드 구축 – 전기차·수소차 등 그린 모빌리티 보급 확대
녹색산업 혁신 생태계 구축	– 녹색 선도 유망 기업 육성 및 저탄소·녹색 산업단지 조성 – 연구개발·금융 등 녹색 혁신 기반 조성

뉴딜의 목표는 2050년까지 탄소 중립을 달성하겠다는 것인데, 기후 변화로 인한 재해가 더 심각해지면 이 일정을 앞당기라는 국제 사회의 압박이 더 커질 가능성도 있다. 여러 가지 면에서 '그린' 키워드는 앞으로 주목해야 할 큰 기회다.

9장

부동산, 언제까지 이렇게 갈 수 있을까

위기 후 주택시장의 흐름

IMF 외환위기로 돌아가보자. 서울 아파트 관련 언론 기사에 단골로 등장하는 대치동 은마아파트는 당시 1억 원대까지 가격이 떨어졌다. 기업도 대거 부동산 매물을 내놨다. 외환위기가 터진 1997년부터 2000년대 초반까지는 부동산시장이 계속 크게 침체했다.

나는 1997년에는 을지로에서 근무했고 2000년에는 무교동으로 옮겼기 때문에 그 지역의 오피스빌딩 상황을 잘 알 수 있었다. 그 시기에 대기업 그룹이 소유하던 빌딩도 매물로 많이 나왔지만 특히 금융기관 소유 빌딩의 매물이 쏟아졌다. 아예 회사 자체가 망해서 나온 매물도 한둘이 아니었다.

매물이 쏟아졌으니 돈만 있으면 쓸어 담을 수 있는 시기이기도 했다. 실제로 현금을 많이 갖고 있던 사람들은 매물이 쏟아진 강남역 주변이나 명동 주변의 빌딩을 사들였다. 하지만 개인은 현금 보유에 한계가 있었기 때문에 큰 매물은 대개 외국계 자본의 먹잇감이었다. 예를 들어 무교동 서울파이낸스 빌딩은 싱가포르투자청이 2000년에 3,500억 원에 인수했다. 2011년에 이 빌딩이 매물로 나왔는데 추정 가격이 1조 원 안팎이었다. 11년 만에 3배에 육박하는 수익을 낸 것이다.[30]

IMF 전후로 주택시장에 또 하나의 새로운 현상이 나타났는데 바로 초고급 아파트의 등장이다. 초고층 주상복합 아파트인 도곡동 타워팰리스가 분양을 시작한 것도 이 무렵이다. 지금은 타워팰리스 입주를 부의 상징처럼 여기지만 당시에는 일부가 미분양이 나서 사업을 추진한 삼성그룹 임원들이 울며 겨자 먹기로 샀다는 소문이 돌 정도였다. IMF 외환위기 때문이기도 했지만 당시에는 이런 초고층 아파트가 낯설었기 때문이기도 하다.

2000년 벤처 붐으로 일확천금을 거머쥔 신흥부자들이 도곡동에 집을 사기 시작하면서 상황이 반전되어 이 일대의 집값이 오르기 시작했다. 타워팰리스, 렉슬 그리고 청담동 아이파크 같은 아파트들이 부자들을 중심으로 수요가 늘면서 오르기 시작하다가 2005년과 2006년에는 정부가 대출 한도를 많이 늘려준 덕택에 그야말로 천정부지로 뛰었다. 울며 겨자 먹기 식으로 타워팰리스 분양을 받았던 삼성 임원들도 전화위복으로 어마어마한 수익을 거뒀다.

그뿐 아니라 참여정부 중반에는 강남, 서초, 송파, 목동, 분당, 용인, 평촌의 집값이 크게 뛰어 '버블 세븐'이라는 이름이 붙기도 했다. 강력한 대책이 잇달아 나온 끝에 참여정부 말기에 이르러서야 집값 폭등세가 꺾였지만 이미 주택 정책에 실패한 정부의 지지율은 추락했고 결국 정권 교체의 주요 원인 중 하나가 되었다.

타워팰리스가 불을 댕긴, 부자들을 위한 초고급 아파트의 붐은 MB 정부 때도 계속되었다. 2009년에는 서울 한남동 단국대 부지에 우리나라 최초의 고가 전세 임대아파트인 '한남 더힐'이 분양되었다. 평당 분양가가 8,180만 원으로 당시 최고가를 기록한 이 아파트는 분양가 상한제를 피하기 위해 임대주택으로 분양한 후 일정 기간이 지나면 분양 우선권을 부여했다. 임대보증금이 무려 20억 원이 넘는 이 아파트를 과연 사람들이 살까 하는 의구심이 들었지만 결과적으로는 큰 성공을 거뒀다.

수익형 부동산시장에서는 2008년 금융위기 때 중개업의 대형화 현상이 나타났다. 금융위기 이후에 빌딩 매물이 많이 나왔는데, 이때 빌딩 중개 법인이 여러 곳 생겼다. 대형 법인의 경우에는 영업 직원이 200여 명에 이를 정도였다. 특히 이른바 '연예인 빌딩'을 중개해 인지도를 쌓은 법인들도 여러 곳 생겼다.

부동산 물건을 소개하는 케이블 채널도 등장했다. RTNTV는 부동산 전문 채널이었고 한국경제TV, 머니투데이TV, SBS CNBC, 매일경제TV 등이 부동산 관련 프로그램을 편성했는데 이들 채널은 지금도 방송을 계속하고 있다. 주택은 물론 꼬마빌딩, 토지도 다루는데, 부동산 붐이 불기 시작한 2013년부터는 토지 매매도 많이 이뤄졌다. 채널이 다양화되면서 그만큼 부동산에 대한 정보를 얻기 쉬워졌는데 이것이 부동산 붐에 한몫했다.

2008년 글로벌 금융위기 이후로 2013년까지는 부동산이 침체 국면이었고 2013년 초 LG경제연구원은 하우스푸어의 수를 30만 명 이상으로 진단하는 보고서를 내기도 했다.[31] 집값 폭락을 전망하는 견해도 많았던 시기다. 집값이 떨어질 것으로 본 가장 주요한 근거는 베이비부머들이 조만간 은퇴한다는 것이다. 베이비붐, 즉 출산율이 가장 높았던 시대에 태어나서 그만큼 인구 구조에서 큰 비중을 차지하는 사람들이 은퇴하는데, 이들은 금융자산은 별로 없고 집만 있으니 집을 팔아서 노후생활을 해야 할 것이다. 그 결과 시장에 매물이 많이 나올 것이고, 이는 집값 하락으로 이어진다는 논리다. 일본에서도 비슷한 현상이 있었고 우리나라에서도 그와 같은 일이 벌어질 것이라고 본 것이다. 집을 사려고 하기보다는 기기서 살겠다는 문화로 바뀔 거라는 전망도 있었다.

그러나 2014년 들어 상황이 크게 바뀌었다. 일단 정부의 정책이 가장 크게 작용했다. 특히 최경환 경제부총리의 '빚내서 집 사라'는 정책이 시장에 기름을 부었고 이후 부동산시장은 한 번도 쉬지 않고 올랐다. 문재인 정부 들어서도 20차례가 넘는 주택시장 규제 정책에도 불구하고 집값이 잡히지 않자 여당은 이전 정권의 부동산 정책의 실패 후유증을 들고나오지만 그것만으로는 상황이 충분히 설명되지 않는다. 상황을 바꿀 기회는 얼마든지 있었다. 어설픈 규제와 잘못된 신호로 시장의 불신만 키운 것이 참여정부 때처럼 몇 달이 멀다 하고 대책을 쏟아내도 집값을 잡지 못하는 가장 큰 원인일 것이다.

위기 국면에 부동산에는 어떤 일이 일어나는가

위기가 왔을 때 주택시장에서는 재건축 대상 아파트가 가장 먼저 가라앉는다. 재건축 대상 아파트는 그만큼 오래되었고 시설도 좋지 않기 때문에 당장의 주거환경으로는 가치가 떨어진다.

재건축 이후 새 아파트에 대한 기대감으로 높은 시세가 형성되는데, 그만큼 시간이 오래 필요하므로 장기투자 관점에서 접근해야 시세차익을 크게 얻을 수 있다. 그런데 위기가 오면 사업 추진 일정이 불확실해질 수도 있고, 장기투자로 샀던 사람들이 급전이 필요해서 내놓을 가능성도 커지므로 시세가 급락하는 경향이 있다.

돌이켜보면 주택시장에서 은마아파트가 부침이 제일 심했던 곳 중 하나다. 단지 규모가 크기도 하고 지역 내에서 고급 주택가로 인정받는 이른바 '부자 동네'로 꼽히는 곳은 아니다 보니 가격 변동이 심한 편이다. 예를 들어 압구정 현대아파트처럼 오래전부터 '부자 동네'라는 타이틀을 가진 곳은 대세 하락기에는 같이 하락하긴 하지만 그 하락폭도 적고 매물도 잘 안 나오는 경향이 있다.

최근의 집값 급등세에도 불구하고 은마아파트는 여전히 오르지 않고 있는데 이는 은마아파트가 갖는 상징성이 크기 때문이기도 하다. 주민들은 50층까지 올리겠다고 버티고 서울시는 35층까지만 허용하겠다고 입장을 굽히지 않고 있다. 몇 층까지 올리느냐에 따라 용적률이 달라지고 세대 수가 달라지기 때문에 주민들의 개발부담금도 차이가 커진다. 이해관계가 심하게 부딪치는 상황에서 양측이 쉽게 타협하기는 어려울 것이다.

IMF 외환위기 이후에 강남 재건축 아파트들도 다들 상황이 좋지 않았다. 은마아파트는 물론 잠실 주공아파트와 진주아파트, 서초동 및 반포동의 아파트들이 이러한 영향을 받았다.

한편 위기 국면이 진정되고 부동산 가격이 상승하는 모습이 보이면 많이 떨어졌던 재건축 아파트가 빨리 올라가는 패턴이 나타난다. 특히 조기에 재건축이 가능한 아파트일수록 반등폭이 더욱 크다. 집값이 상승하면 새 아파트의 수요가 늘어나는데, 조기에 재건축이 가능한 아파트를 사면 몇 년 후 새 아파트를 가질 수 있으므로 집값이 크게 떨어진 재건축 아파트는 수요가 먼저 늘어난다. 2008년 글로벌 금융위기가 터지면서 침체했던 주택시장이 2014년 이후 본격 상승세를 타면서 5~6억 원 선까지 떨어졌던 서울 재건축 아파트가 20억 원에서 30억 원까지 치솟는 경우도 적지 않았다.

재건축 아파트가 오르지 않을 때는 브랜드가 확실한 주상복합 아파트가 시장을 이끈다. IT 버블 시기의 도곡동 타워팰리스와 삼성동 아이파크가 대표적인 사례다. 삼성동 아이파크도 2000년에 처음 분양했을 때는 흥행이 저조했다가 이후에 크게 성공한 경우다. 성수동의 갤러리아 포레, 서울숲 트리마제 등도 강북에 고급 주상복합 아파트 붐을 주도한 아파트들이다. 최근에는 반포의 인기가 높아지고 있는데, 주위에 신세계 강남점이 있고 각종 문화시설에 대한 접근성이 좋은 데다가 가까이에 서울성모병원이 자리 잡고 있고 한강이 보이는 전망 역시 좋다.

또한 아파트 내부를 공원화하는 등 고급화시키면서 반포만의 특화된 경쟁력을 갖춰 집값이 고공 행진했다.

IMF 외환위기 때는 외국인들이 부동산시장을 이끌었다고 해도 과언이 아니었지만 한편으로는 당시 현금을 가지고 있던 부자들과 50~60대 연령층이 집값이 크게 하락한 상황을 이용해서 집을 사 모으기 시작했다. 대출도 일부 받았지만 이들은 주로 헐값으로 나온 빌딩이나 집을 현금으로 사들였다. 우리나라 사람들, 특히 나이 든 사람들의 특징 중 하나가 지독한 부동산 사랑이다. 결국은 땅이나 집이 최고라고 하는 이들이 많다.

시중에 유동성이 늘고 부동산 붐이 다시 일어나면서는 대출 비중이 늘어났고 글로벌 금융위기 직전인 2007년과 2008년에는 집값의 90%까지 대출을 받아 집을 살 정도로 시장 분위기가 과열되었다. 이후 금융위기가 터진 2008년과 2009년에는 치명적인 타격을 입었다. 그런데 그 시기에도 현금 여력이 있는 사람들은 집을 사 모았고, 그러면서 신흥 부동산 부자들이 많이 탄생했다.

2017년부터 정부의 주택시장에 대한 규제가 강화되자 증여 붐이 일어나기 시작했다. 돈 많은 사람, 나이 든 사람들을 중심으로 집을 파느니 자녀에게 증여하는 경우가 늘었다. 이는 주변에도 영향을 미친다. 아파트를 증여받은 친구의 모습을 본 사람들은 집을 사야겠다고 생각하게 된다. 집이나 목돈을 물려받을 만큼 집안이 부유하지는 않지만 맞벌이로 어느 정도 수입이 되는 사람들은 빚을 내서라도 집을 사는 게 낫다는 결론을 내리고 내 집 마련 행렬에 뛰어들었다.

주택시장의 주요 수요자가 된 30, 40대

'베이비부머'세대는 1955년부터 1963년 사이에 태어난 사람들을 말한다. 나도 1962년생이니 마지막 베이비부머인 셈이고, 2020년 기준으로 딸이 스물아홉 살이니, 베이비부머세대의 초중반기에 태어난 사람들의 자녀는 대략 30대 중반에서 40대 초반일 것인데 이들이 최근 몇 년 동안 주택시장의 주요 수요자가 되었다.

실제로 2019년과 2020년 상반기까지 통계를 살펴보면 서울시 부동산을 제일 많이 취득한 연령대는 30대, 뒤이어 40대로 나타났다. 과거에는 부동산시장의 상승을 이끈 주력군이 50대 이상이었다면 최근에는 30대가 주력군으로 등장하는 추세가 뚜렷하게 나타난다.

졸업이 늦어지고 졸업을 해도 취업준비생으로 2~3년을 보내는 청년들이 많은 시대에 30대가 집을 살 만큼 돈을 모으기는 힘든 일이다. 담보대출 한도도 예전보다 크게 줄어들었다.

그렇다면 어떻게 집을 살까? 담보대출, 그리고 맞벌이 부부는 직장인 신용대출, 대기업이라면 회사대출도 가능하고 부모로부터 증여를 받기도 한다. 부모가 집을 사주지는 못해도 1~2억 원 정도의 자금을 증여로 보태주면 집을 살 수 있다. 그래서 대출이자를 뽑고도 남는 수준으로 집값이 오르면 이득이다. 실제로 30대들이 대거 주택 매수에 나선 것도 이런 계산이 있기 때문이다.

젊은 세대들이 집을 사는 패턴은 이전 세대와는 분명 다르다. 가장 큰 차이는 디지털 기기의 활용이다. 다양한 디지털 기

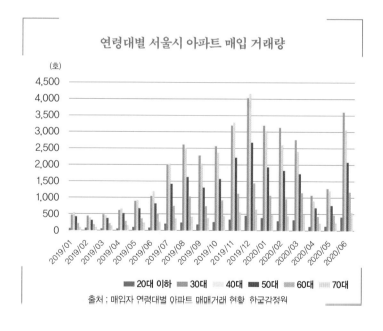

연령대별 서울시 아파트 매입 거래량

(호)

출처 : 매입자 연령대별 아파트 매매거래 현황 한국감정원

기를 자유자재로 활용하고, 정보를 찾고 모으는 능력이 탁월하다. 여기에 엑셀과 같은 소프트웨어로 데이터를 가공하고 분석하는 역량까지 갖추고 있다. 따라서 예전처럼 '일단 사면 오르겠지'라는 막연한 생각으로 집을 사는 게 아니라 적어도 통계 데이터라도 한번 뽑아보고 판단하는 이들이 많다. 위기 때문에 떨어진 자산 가치가 강하게 반등하는 패턴을 데이터를 통해 확인하면 자신감이 생긴다.

주택 수요를 일으키는 주된 요인으로는 '일자리'를 꼽을 수 있다. 어느 지역에서 시작해 반경 몇 킬로미터 안에 직장과 일자리가 얼마나 있는지가 매우 중요한 요소다. 단순히 물리적인 거리만이 아니라 교통 편의성도 당연히 포함된다. 지하철역은 가장 중요한 요인이고, 최근에는 광역급행철도GTX가 수도권의 새로운 대형 호재로 떠올랐다. GTX는 빨라야 2026년에나 개통이 시작되는데도 개발 호재로 집값을 띄우고 있다. 그다음 요인은 자녀 교육이다. 강남 8학군이나 목동, 강북의 노원구를 보면 충분히 이해할 수 있을 것이다. 생활 환경은 세 번째다. 마지막으로 부자들이라면 '나 어디 산다!'라는 과시욕이 있다 보니 부를 상징하는 곳을 선호한다. 중산층들의 브랜드 아파트에 대한 집착 역시 비슷한 맥락으로 볼 수 있다.

30대들이 주택시장의 큰손으로 떠오르면서 서울은 물론 수도권에도 변화가 생겼는데, 2019년 통계를 보면 서울 인구는 줄었는데 수도권 인구는 늘어난 것을 알 수 있다. 직주 근접, 즉 직장과 주택이 근접한 곳을 선호하는 사람들에게는 경기도도 나쁜 선택이 아닌데, 예를 들어 판교에 IT 대기업들이 대거 둥지를 틀면서 판교를 중심으로 한 인근의 집값도 상당히 올랐다. 예전에는 서울 아파트가 9억 원 정도일 때 경기도는 5~6억 원 수준이었다면 이제는 수원, 광교, 하남과 같은 지역들도 9억 원짜리 아파트가 많이 늘었다.

이제는 가치와 리스크를 생각할 때

위기 국면에서도 유명 브랜드의 새 아파트나 사람들이 선호하는 입지 조건을 가진 아파트는 크게 움직이지 않는다. 또한 이상할 정도로 정부 정책과 주택 가격의 흐름이 많이 맞물린다. 정부의 정책은 규제 완화와 공급, 규제 강화와 공급 축소의 반복이었는데 부동산 규제가 가장 심할 때 오르고 반대로 완화정책을 썼을 때는 부동산 가격이 잘 오르지 않았다.

왜 이런 역설이 벌어질까? 집값을 하향 안정시키고 싶다면 규제도 필요하지만 거래가 이뤄지도록 해야 한다. 오르든 떨어지든 거래가 이뤄져야 흐름이 형성된다. 그런데 지금까지의 규제 정책은 주로 막고 누르는 데 집중되었다.

그렇다면 앞으로의 흐름은 어떨까? 일단 이른바 '패닉바잉'이라는 말이 나올 정도로 너무 과몰입한 게 가장 큰 위험 요소다. 역사적으로 볼 때 많은 경우 패닉바잉은 거품이 꺼지기 바로 전에 나타나는 현상이었다. 올해는 코로나19 때문에 정부가 풀어놓은 M2가 자산시장으로 너무 많이 흘러갔다. 앞에서도 말했지만 언젠가는 과다한 유동성을 거둬들여야 한다. 정부가 이를 위해 사용할 수 있는 방법은 기준금리 인상, 그리고 세금이다.

　문재인 정부는 부동산 보유 관련 세금을 올리고 이를 재원으로 공공주택 공급량을 늘릴 계획을 세우고 있다. 경기도도 이재명 지사가 '기본주택'이라는 개념을 들고나오면서 중산층까지 거주할 만한 임대주택을 대폭 늘리겠다고 밝혔다. 정말 정부의 계획대로 질 좋은 공공주택의 공급량이 늘어난다면 집에 대한 소유욕이 줄어들 것이다. 대출로 집을 구매했을 경우 이자 부담으로 생활이 쪼들리고 세금 내느라 허리가 휜다. 그래도 처음에는 집값이 오르니까 좋지만 언제까지나 오를 수는 없는 노릇이다. 갖고만 있어도 세금을 내야 한다면 스트레스가 커지고 '집을 꼭 가지고 있어야 하나?' 하는 회의감이 들기 시작한다.

　지금의 30대는 주택시장의 큰손이 되었지만 과연 지금의 20대가 30대가 되면 그들 역시 그럴까? 간단하지 않은 문제다. 일본에서도 베이비붐 세대에 해당하는 단카이 세대와 신인류, 그리고 뒤를 잇는 빙하기 세대와 사토리 세대로 내려갈수록 점점 소비 성향이 위축되는 모습을 보였다. 우리나라도 결혼 연령이 점점 높아지고 있으며, 자녀나 아예 결혼까지 체념하는 사람들이 늘고 있다. 상황이 이렇게 되면 주택 구매 의욕이 떨어진다. 이는 부동산시장에 큰 변화를 일으킬 수 있다. 지금과 같은 집값 상승은 다음 세대가 계속 주택을 사줘야 지탱할 수 있다. 그 동력이 떨어지면 팔 수도 없고 살 수도 없는 상황이 되고 정부가 어떻게 숙제를 풀어가느냐에 따라 부동산시장의 판도가 완전히 바뀔 수 있다. 주택시장에 투자하고 싶다면 이제는 이러한 리스크를 염두에 둬야 한다.

타이밍을 못 맞춰 손해를 보는 경우도 있다. 해외로 이민 가게 된 고객은 분당의 아파트를 팔았는데, 그 시기가 하필이면 2013년과 2014년에 걸쳐 해당 단지의 집값이 어마어마하게 떨어지던 시기였다. 하지만 2018년 이후 그 아파트의 값이 엄청나게 올라 폭락으로 인한 손실을 만회하는 것을 넘어서, 지금 그 아파트 한 채 값이면 2014년에 두 채를 살 수 있었을 정도로 치솟았다. 결과적으로 집 한 채가 날아가버린 것이나 마찬가지다.

돌아보면 내 경우에도 몇 차례 '기회'가 있었다. 부동산 암흑기로 꼽히는 2013년경에 한화건설이 성수동에 지은 '갤러리아 포레'를 사라고 권하는 지인이 있었다. 2011년에 입주가 시작된 아파트였는데, 이후에 2014년부터 거래가 많이 늘었고 가격이 큰 폭으로 뛰었다. 그 뒤에 역시 성수동에 두산건설이 지은 '서울숲 트리마제'를 아는 사람이 추천해줬다. '갤러리아 포레'는 70평이 가장 작은 평수일 정도로 초고급 아파트였지만 트리마제는 11평부터 88평까지 다양한 면적이 공급되었고 주력인 38평형의 당시 가격이 15억 원 안팎이었다. 그런데 지금은 40억 원에 거래되고 있다. 이를 비롯해 여러 차례 '기회'가 있었지만 수중에 현금이 없으니 기회를 잡을 수 없었다.

최근에는 LTV, DTI 규제를 비롯해 예전보다 대출이 매우 까다로워졌다. 주택담보대출 비율이 30~40% 선으로 내려왔기 때문에 예전처럼 이자 부담 때문에 급하게 집을 파는 사례는 별로 없을 것이다. 앞으로 고민해야 할 문제는 세금이다. 정부에서 주택 보유 관련 세금을 많이 올렸는데 그 영향이 바로 나타나지는 않겠지만 아마도 2021년 6월 이후부터 본격적으로 나타날 것이고, 그 결과 주택시장에 혼란이 야기될 가능성이 크다.

수익형 부동산에 관해서도 살펴보자. "조물주 위에 건물주"라는 말처럼 많은 사람의 꿈이 수익형 부동산을 소유하는 것이다. 오죽하면 몇 년 전 고등학생을 대상으로 한 설문조사에서 선호하는 직업 2위가 건물주였을까? 하지만 놀고먹으면서 임대료 수익만 챙기면 된다고 생각한다면 천만의 말씀이다. 유지관리 문제가 의외로 골치 아플 수 있다.

상담 고객 중 한 명은 강남 지역의 일반주택을 사들여서 원룸주택으로 개조했다. 꼭대기 층에 부부가 살고 나머지 방들은 임대했는데 주택 관리 때문에 스트레스를 받아 부부가 건강에 이상이 생길 정도가 되니 도저히 안 되겠다 싶어서 급매물로 처분했다. 구입 가격은 물론 개조 공사비로도 많은 돈이 들어갔는데, 집값은 건졌으나 공사비는 80% 정도만 보전할 수 있었다. 너무 스트레스를 받은 나머지 그 돈을 그냥 은행에 묻어두고 지낸다는 그 고객은 차라리 그때 집을 몇 개 사서 임대사업자로 등록했으면 좋았을 거라고 후회했다.

반대의 경우는 가까운 우리 처가에서 찾을 수 있다. 2004년경에 구리시의 한 원룸주택 건물을 구입했는데 한 달에 약 500만 원의 임대료 수익이 나온다. 당시 9억 원 정도에 샀는데 지금은 15억 원 정도니까 기간을 감안하면 가격 상승이 크다고는 할 수 없지만 구입 가격 대비 임대 수익률은 연 6% 이상으로 상당히 좋은 편이다. 특히 장점은 장인어른이 건물 보수를 할 줄 알기 때문에 웬만한 하자는 직접 고쳐주어 관리 비용을 크게 절감할 수 있다는 것이다. 관리인을 두고 건물 관리를 맡기는 사람들도 많지만 관리인을 잘못 쓰면 그 때문에 골머리를 앓기도 한다. 따라서 유지 관리 문제를 절대 우습게 보지 말고 잘 대처해야 한다.

모든 자산이 마찬가지지만 부동산도 시간이 지나면 가치가 변한다. 변화가 점점 빨라지는 시대일수록 가치에 집중해야 하다. 로또니 뭐니 하면서 분위기에 휩쓸리면 낭패를 보는 경우가 많다. 인천 송도국제도시, 청라국제도시의 오피스텔이 한때 로또 대접을 받으면서 전국적인 관심을 불러일으켰다. 그 난리통에 어느 후배도 청라에 있는 오피스텔을 아무거나 찍어서 분양받았다. 결과는? 2억 7,000만 원을 주고 샀는데 월세 세입자도 구하지 못하고 있다.

지인 중 한 사람도 경기도 수원 호매실 지구의 오피스텔을 분양 받을까 하는데 어떻겠느냐고 물었다. 자료를 뒤져보니 이마트가 들어오고 호매실 지역이 수원에서도 공장 지역과 연결되는 장점도 있고 그런대로 괜찮기는 한데, 그렇다고 굳이 오피스텔까지 살 정도는 아니라는 생각이 들었다. 아니나 다를까, 분양 시행사는 부도가 나서 도망갔고, 그 오피스텔을 산 사람들은 월세도 제대로 못 받고 있다.

오피스텔 투자를 생각한다면 교통이 좋고 사람이 몰리는 지역을 중심으로 해야 한다. 오피스텔이 가장 많은 곳이라면 학교 주변이나 사무실이 많은 곳 주변인데, 학교 주변은 방학 때문에 불리한 점이 있다. 반면 나이 든 분들이 많이 사는 지역의 주택이라면 주위에 좋은 의료시설이 있는 곳이 바람직하다. 가치 중심으로 고민해야 하는 것이다.

한편 아파트 단지가 조성되면 아파트 단지 내 상가가 분양되고, 그 주변으로도 상가가 생긴다. 수익형 부동산에 관심 있는

210

사람은 단지 내 상가와 주변 상가 중에서 고민하는 경우가 많은데 각자의 특징과 선호하는 업종을 살펴볼 필요가 있다.

단지 내 상가는 가장 잘되는 업종이 세탁소, 편의점, 부동산 중개사무소 등이다. 단지 주변이라면 단지 내 상가에는 술집이 들어가기 어려우므로 주류를 판매하는 식당이 낫고, 단지의 규모가 좀 크고 아이들이 많다면 학원도 들어오려고 할 것이다. 대형 프랜차이즈 매장이 들어오면 가장 좋겠지만 이들은 상권이 형성된 지역을 선호하기 때문에 아파트 앞이라고 해서 무조건 들어오지는 않는다. 아파트 단지만 바라보는 상권은 주의할 필요가 있다.

부동산, 언제까지 이렇게 갈 수 있을까

코로나19 이후 막대한 유동성이 풀리면서 단기적으로는 과열 양상을 보이고 변동성이 커졌지만 길게 보면 집값 하락 가능성은 오히려 커졌다. 그 이유를 몇 가지로 정리해보자.

첫째, 단기적으로 과열되었던 거품이 꺼질 가능성이 크다. 1996년에 일본에 갔을 때 도쿄 시내에서 외곽까지 승용차로 나가는 데 2시간이나 걸렸다. 자동차로 출퇴근하면 하루 4시간을 길 위에 버리는 것이다. 서울은 어떨까?

나는 잠실에 살고 처가는 구리시 초입에 있다. 10년 전에는 출퇴근 시간에도 차로 15분이면 갈 수 있었다. 지금은 1시간이나 걸린다. 서울 외곽에 신도시가 계속 생기고 도심과의 거리도 멀어지고 있다. 다산신도시, 호평신도시, 별내신도시와 같은 곳은 서울 시내로 출퇴근하려면 1시간 반에서 2시간까지 걸린다. 물론 언택트와 재택근무 확산에 따라 거리에 덜 구애받는다 해도 코로나 유행이 진정되면 언택트 유행은 일단 어느 정도 가라앉을 것이다. 시장이 진정되면 그동안 열풍 속에 가려졌던 단점들이 두드러지게 나타날 것이다. 서울에서 먼 신도시들이 현재의 분위기를 타고 덩달아 오른 경향이 있는데, 이런 곳부터 거품이 꺼질 위험이 크다.

둘째, 베이비부머세대의 본격적인 은퇴도 시장에는 부담이다. 1996년에 일본에 갔을 때 큰 사회 이슈 중 하나가 일본의 베이비부머세대인 이른바 '단카이 세대'의 은퇴 문제였다. 이들 세대가 대거 은퇴하는 시기는 2007년일 것으로 예상되었기 때문에 '2007년 문제'라고도 불렀다. 일본은 이미 10년 전부터 이들의 은퇴 문제가 경제의 다양한 분야에 변화와 충격을 줄 것으로 예측하고 대책을 세웠다.

처음에는 베이비부머세대의 은퇴가 가져오는 변화가 체감이 잘 안 되겠지만 시간이 지날수록 그 영향이 점점 크게 나타날 것이다. 은퇴 시점에 노후자금도 충분하지 않고 연금으로도 생활비가 빠듯하다면 집을 처분하고 전세로 옮기거나, 작은 집으로 옮기거나, 더이상 출퇴근 부담이 없으므로 외곽으로 옮기거나 하는 움직임이 나타나기 때문이다.

다만 주택시장을 놓고 봤을 때 한국과 일본의 차이점으로 주택연금을 들 수 있다. 우리나라는 주택연금이 많이 활성화되어 있다. 조건이 너무 후한 게 아닐까 싶을 정도로 유리하기 때문에 은퇴했을 때 노후자금이 충분하지 않고 가진 건 집 한 채뿐인 사람들이라면 주택연금을 고려해볼 만하다. 이들이 집을 처분하는 대신 주택연금에 가입하면 그 주택이 시장에 매물로 나오는 시기를 크게 늦추게 되므로, 결과적으로 집값이 내려가는 것을 완충시키는 효과가 있다.

그러나 시간이 지나고 주택연금 가입자가 하나둘 세상을 떠나면 시차는 있지만 이들의 집도 매물로 나오게 된다. 또한 주택연금만으로는 당장 필요한 자금이 부족할 수도 있다. 자영업을 준비하는 사람도 있을 것이고, 지금의 집이 은퇴 후, 그리고 자녀가 독립한 후에는 너무 커서 관리하기에 부담되고 나이 들어서 살기에는 좋지 않아서 옮기고 싶을 수도 있다. 이런 사람들은 집의 규모를 줄이거나 외곽으로 나가는 것을 선택할 것이다.

셋째, 이제는 인구가 감소하는 추세다. 생산 가능 인구는 이미 감소하기 시작했고 절대적인 인구수도 5년 안에 감소세로 돌아설 것이다. 전망치보다 실제 감소 속도가 더 빠를 가능성도 크다. 그런데 주택 가격이 그대로 유지될 수 있을까? 떨어지지 않을 것이라고 주장하는 사람들은 서울에 있던 사람들이 수도권으로 이동하면서 수도권은 오르고 서울은 안 떨어졌다고 반박하지만 그것도 단기적인 추세에 불과하다. 일본에서 볼 수 있는 것처럼 지금의 인구 감소 추세로는 시장을 장기적으로 지탱하기 어렵다. 적어도 상승 여력은 점점 바닥을 드러낼 것이다.

넷째, 금리 인하와 정부의 재정 풀기로 유동성이 넘쳐나는 지금의 상황은 자산 가격 상승에 영향을 미친다. 그런데 길게 보면 꼭 긍정적인 효과만 있는 것은 아니다. 1990년대에 일본은 기준금리가 0%대로 떨어졌다. 금리만 놓고 보면 우리와 비슷한 상황이었다. 당연히 사람들이 투자시장으로 몰려들 것으로 생각했다. 일본 최대의 증권사인 노무라증권의 적극적인 마케팅과 유도로 상당한 자금이 주식시장으로 가기는 했지만 금리의 수준이나 유동성과 비교하면 그리 높은 수준은 아니었다.

우리나라도 2015년에 법이 개정되어 펀드 운용사의 설립 요건이나 일반 투자자 자격을 대폭 낮추었고, 은행에서는 저금리 시대에 수익률이 좋은 상품이라고 고객들을 적극적으로 유도해서 상당한 자금이 사모펀드로 이동했다. 그런데 2019년 하반기에 라임자산운용의 환매중단 사태가, 2020년에는 옵티머스펀드 환매중단 사태가 터졌다. 금융당국이 추산한 사모펀드 환매 중

단 규모만 2020년 7월 기준으로 5조 6,000억 원에 이른다.[32]

사모펀드 환매중단 사태는 투자에 대한 불안감으로 이어지고 자금은 다시 예금으로 이동했다. 그러다 보니 예금에 머물러 있는 돈이 3,000조 원이나 된다. 유동성이 자산시장을 밀어 올릴 가능성이 크지만, 안전성을 중시하는 한국인들의 성향으로 볼 때 예금으로 숨어버릴 수도 있다. 부동산, 주식 등에 가 있던 자금은 조그만 위험 신호에도 예금으로 가서 안 나올 수 있다는 이야기다. 따라서 시중에 자금이 많다고 해서 무조건 부동산을 밀어 올리지는 않는다는 사실을 알 필요가 있다.

부동산 규제 정책, 그동안의 단기 급등에 따른 피로감, 조세 강화, 지속하는 경기침체와 같은 요인들로 부동산시장보다는 주식시장으로 투자자금이 흘러가고 있는데, 정부에서도 주식시장을 활성화하고자 하므로 부동산보다 주식이 더 수혜를 볼 가능성이 크다.

반대로 단기적인 폭락 가능성 역시 낮다. 현재의 30대들이 주택 구매에 적극적으로 나서는 이유 또한 금리 때문이다. 금리가 낮아서 대출에 대한 부담이 적기도 하지만, 금리가 1%일 때 내가 저축한 원금이 2배 되는 데는 72년이나 걸린다. 부모 세대는 금리가 7~8%대일 때 돈을 모았으니 저축해서 집을 사는 데 10년 정도가 걸렸지만 지금은 도저히 불가능한 그림이다. 빚을 내서 우선 집을 사고, 차차 갚아가는 사람들이 늘어났다.

이런 식의 주택 구매 트렌드가 이어지면 단기적 집값이 유지될 가능성이 높지만 그렇다고 패닉바잉의 열기에 휩쓸리는 것은 위험하나. 전세 가격이 급등하고 매물이 마르는 현상으로 세입 자들이 고통을 받고 있지만 과거에도 그랬던 것처럼 변화 과정에서 단기적으로 나타나는 현상일 가능성이 높다. 향후 1~2년 간은 과도한 빚을 지고 아파트시장에 뛰어드는 것은 위험 부담이 크므로 주의가 필요하다.

10장

금융투자, 예측을 뛰어넘는 전개

동학개미운동이 이끈 주식시장의 반등

2020년 주식시장의 최대 키워드는 단연 '동학개미운동'일 것이다. 2020년 1월 20일 이후로 개인투자자의 매수금액은 23조 600억 원이었는데 이 시기에 외국인은 21조 700억 원을 팔았다. 외국인은 계속 팔고 개인은 계속 산 것이다. 증권시장의 고객 예탁금 규모도 큰 폭으로 늘어났다. 평소에는 20조 규모였지만 2020년 9월 말 기준으로는 55조 원을 넘어서는데 이는 평상시의 3배에 가까운 규모다. 신용공여 잔고도 9월에 17조 원대를 기록했다. 보통은 5~6조 원 규모이니 신용잔고 역시 3배나 뛴 셈이다.

요즘의 개인투자자들을 관찰하면 전부터 꾸준히 투자한 경험이 있고 전문투자자의 마인드를 가진 기존 개미들이 있고, 3월에 동학개미운동이 시작되면서 기초 이상 공부를 하고 들어온 30, 40대들이 있는데 이들이 기존 개미투자자와 비슷한 비중으로 늘어났다. 이 두 부류가 개인투자자의 70% 이상을 주도하다가 주가가 빠르게 회복하자 묻지마 투자 세력들이 유입되기 시작했다. 이제는 3분의 1은 기존 개미, 3분의 1은 동학개미, 3분의 1은 묻지마 투자자라고 보면 된다.

유동성 장세의 특징 중 하나가 장 초반에는 하락세를 보이다가 장 후반 막판에는 하락폭을 모두 회복한다는 것이다. 그렇다고 많이 뜨는 것은 아니고 대체로 보합세 정도로 마무리한다. 특히 8월 이후 국내에서 코로나19가 재유행하면서 이런 현상이 뚜렷하게 나타났다. 장 초반에는 우왕좌왕하다가 어떤 종목이 움직이는 것을 보고 뒤쫓아가는 개인투자자들의 모습이 그려진다.

다만 묻지마 투자가 IT 버블 때만큼 심각하지는 않다. 규모는 그때보다 더 크지만 말이다. IT 버블 때는 주식투자를 공부하려면 많은 시간이 걸렸다. 여러 권의 책을 봐야 하다 보니 어

느 정도 지식을 갖추는 데 꽤 시간이 걸렸고, 기본도 없이 뛰어
드는 사람들이 많았다. 지금은 그 정도를 공부하는 데 사흘이면
충분하다. 돈도 별로 안 든다. 주식투자 노하우를 쌓은 사람들
이 유튜브 채널을 통해 공유하는 경험과 지식을 가져오기만 하
면 되니 공부의 문턱이 낮아진 것이다.

동학개미운동과 주식시장의 빠른 반등 현상에 대해 거품 붕
괴를 경고하는 목소리는 진즉부터 많이 나왔지만 9월을 넘겨
서도 여전히 거품 붕괴와는 거리가 먼 모습이다. 이따금 단기적
인 조정은 있지만 대체로 그것으로 끝이다. 언제라도 깨질 수
있는 살얼음판 같은 시장이긴 한데 생각보다 잘 깨지지 않는
이 장세를 어떻게 봐야 할지 전문가들조차도 판단이 서지 않는
다. 이럴 때는 이전의 위기 상황에 주식시장이 어떤 모습을 보
였는지를 되짚어보는 것도 한 가지 방법이다.

주도주의 변화에 주목하고 한발 먼저 기회를 잡아라

1997년 IMF 외환위기로 인해 우리는 나라가 부도가 났다고
할 정도의 심각한 상황에 처했다. 외환 관리 문제는 일단 IMF
에서 돈을 빌려서 해결한다 해도 갑자기 위축되어버린 경제를
어떻게 살려야 할지 막막한 때였다. 이때 정부가 도입한 정책이

벤처 활성화였다. 이는 한편으로 주식시장의 흐름을 바꿔놓을 기회였다. 또한 IMF와의 협상 결과 자본시장이 개방되어 외국 자본이 유입되기 시작했다.

외국인, 개인투자자, 기관의 차이가 있다면 외국인은 어떤 기업이 시장을 부양시킬 아무리 좋은 정책을 갖고 있다 해도 그 기업보다는 그 나라에서 망하지 않을 기업에 우선적으로 투자한다. 그들은 IMF 직후에 삼성전자에, 그리고 구조조정이 끝난 후에는 금융주에 중점적으로 투자했다. 외국인은 어떤 종목이 올라갈 것이라는 생각으로 투자하면서 동시에 헤지를 한다. 떨어질 때를 대비해 일정한 비율로 선물옵션 거래를 하고 장기적으로 분석했을 때 분명히 떨어질 것으로 보이는 주식을 빌려 공매도를 한다.

최근에 개인투자자들 사이에서 공매도 폐지 목소리가 커지고, 코로나19 이후 정부가 주식시장 안정을 위해 6개월 동안 공매도를 금지했다가 시한을 다시 6개월 연장했다. 사실상 개인은 공매도가 어렵고 기관과 외국인들이 개인투자자들을 등치는 수단으로 악용한다는 것이 개인투자자들의 생각이다. 공매도란 예를 들어 어떤 종목의 주가가 지금 10만 원인데 3개월 후에는 5만 원이 될 것으로 예상할 경우 주식을 빌려 파는 것을 말한다. 공매도를 한 측은 약정한 기간이 되면 다시 그만큼의 주식을 매수해서 돌려줘야 한다. 만약 주가가 1만 원일 때

9,000원에 1만 주를 공매도했다면 9,000만 원을 얻게 되는데, 3개월 후에 주가가 5,000원으로 떨어졌다면 1만 주를 다시 사서 갚아도 5,000만 원만 투자하면 되므로 4,000만 원의 수익이 남는다. 물론 주식을 빌린 기간 동안 이자를 내야 하지만 이를 감안해도 큰 수익을 거둘 수 있다. 반대로 주가가 오르면 물론 손실을 본다. 어쨌든 공매도는 헤지 수단의 한 가지로, 외국인과 기관은 다양한 헤지를 적절히 이용한다.

개인은 상대적으로 헤지 수단이 부족하다. 그러면 어떻게 위험을 줄일 수 있을까? 개인들은 시장 상승을 이끌어가는 주도주에 관심을 갖는다. 1997년에는 코스닥 시장의 기술주가 주도주였고, 코스피 시장은 삼성전자 등의 우량주와 증권주가 주도주 역할을 했다.

2008년 금융위기 때는 특이한 현상이 나타났는데, 2008년에 리먼브라더스 파산 사태가 터지고 미국 주식시장의 스탠더드앤드푸어스S&P 500 지수가 -35.8%까지 떨어졌다가 2009년에는 +9%, 2010년에는 +38.5%까지 가면서 시장의 흐름이 2년 만에 정상 수준 이상으로 상승했다. 이때 미국 시장의 흐름을 이끈 주역은 기술주였다. 애플, 아마존 등의 기술주가 당시의 주도주다.

애플은 2009년 스마트폰 시장에서 대변혁을 일으켰다. 아이폰이라는 이제까지 상상하지 못했던 전화기를 만든 것이다.

손안의 컴퓨터라는 혁신을 이룩한 애플의 주가는 단숨에 크게 올랐다. 아마존은 처음에는 도서 쇼핑몰로 시작했다가 점점 사업을 확장해 종합 쇼핑몰로 발돋움해 글로벌 전자상거래 시장을 이끌었다.

우리나라는 어땠을까? 2009년에 이른바 '칠공주'라는 말이 등장했다. 당시에는 유가를 중심으로 원자재 가격의 상승이 중요하게 작용했다. 2008년에는 유가가 147달러에서 40달러까지 떨어졌다가 2009년에는 미국에서 이른바 '헬리콥터 머니'라고 할 정도로 막대한 돈을 찍어낸 양적완화를 배경으로 유가와 원자재 가격이 반등하면서 유가가 배럴당 100달러까지 뛰었다. 이를 바탕으로 유가 관련 종목들이 뜨기 시작하자 이른바 칠공주(제일모직, 기아차, 삼성전기, LG화학, SK하이닉스, 삼성SDI, 삼성테크윈)들이 시장을 이끌었다.

칠공주가 뜬 배경에는 유가와 원자재 가격 상승 이외에도 한 가지가 더 있었다. 당시 우리나라에 투자자문사가 대거 등장했다. 투자자문사는 고객이 계약하고 자금을 맡기면 이를 운용하는 회사다. 펀드와 차이가 있다면 투자자문사는 개인 고객의 명의로 그대로 투자하고 자문료만 받는다는 것이다. 이를 '랩어카운트wrap account'라고 하는데, 2009년과 2010년에 랩어카운트가 유행하면서 투자자문사로 돈이 몰렸다. 2009년에만 무려 20조가 유입되면서 자문사가 108개나 생겼고, 2010년에는 누적으로 130개까지 늘어나면서 30조 원의 돈이 흘러 들어갔다. 이때 가장 손꼽히는 투자자문사로 케이원투자자문, 브레인투자자문, 레이크투자자문 3개 사가 있었는데, 공교롭게도 세 회사의 대표가 모두 경북대 출신이라는 점이 화제가 되었다.[33] 그중에서도 특히 케이원투자자문과 브레인투자자문이 10조가 넘는 자금을 가져갔다. 이 회사들이 칠공주를 집중 매입하면서 시장을 주도하는 데 한몫했다.

칠공주가 시장을 주도하고 나서도 유가와 원자재 가격이 계속 좋은 흐름을 보여주자 이른바 '차·화·정(자동차·화학·정유)'이 1년 넘게 주도주로 활약했다. 당시 양대 투자자문사에 돈을 맡긴 사람들은 수익률이 평균 50%가 넘었고 어떤 사람들은 90%, 100%까지도 올라갔다. 자문형 랩이 큰 흐름을 이끌면서 주도주 자리매김을 했고 2011년까지는 주가가 우상향 곡선을 유지했다.

이 시기에 월 지급식 투자상품이라는 것도 등장했다. 예를 들어 1억 원을 맡기면 한 달에 100만 원을 연금으로 주고, 남은 9,900만 원을 굴려서 다시 1억 원을 만들어 또 100만 원을 주는 식으로, 연금을 지급해도 원금은 줄어들지 않는다는 것이 이 상품의 논리다. 당시에는 주가가 계속 상승했기 때문에 이런 논리가 잘 먹혀들었다. 그러다가 2012년부터는 주식시장이 조정기에 들어갔다. 차화정의 시대가 끝나고 배턴을 이어받은 것은 한류 붐이다. 특히 화장품이 흐름을 주도하면서 아모레퍼시픽이 크게 올랐고, 이로 인해 시장의 분위기가 크게 바뀌었다.

2020년 주식시장의 경우에는 경기침체가 강제로 이뤄졌다고 할 수 있다. 이전에는 경제나 금융의 흐름이 갑자기 꼬여 발생한, 시장 내부의 문제였다면 이번에는 코로나19라는 전염병 때문에 정부가 국경 봉쇄, 이동 제한과 같은 강제 셧다운을 실시한 것이 원인이었다. 이런 까닭에 시장의 주도주는 네이버, 카카오와 같은 언택트 관련주가 될 수밖에 없다. 시간이 흐르고 셧다운이 조금씩 완화되면서 시장을 이끈 주역은 테슬라였다. 테슬라 주가가 몇 배씩 뛰면서 우리나라에서는 2차전지 관련 주들이 큰 수혜를 입었고, 시장의 주도주로 나섰다.

셧다운의 시대 역으로 혜택을 볼 종목

시대에 따라, 그 배경에 따라 시장을 이끌어가는 주도주가 달라진다. 우리는 시장이 주는 메시지를 먼저 읽어야 한다. 빨리 읽지 못하면 오를 대로 오르고 나서야 들어가게 된다. 먼저 읽으려면 어떻게 해야 할까? 우리의 일상만 잘 관찰하고 생각해도 흐름의 변화를 읽을 수 있다. 셧다운의 시대에는 경제침체만 걱정할 게 아니라 역으로 혜택을 볼 종목을 생각해야 한다.

바깥 활동에 많은 제약을 받고 집에 있는 시간이 늘면 TV나 영화를 보는 시간이 늘어난다. 가장 먼저 넷플릭스, 유튜브와 같은 서비스가 떠오를 것이다. 집에 있으면서 영화를 보다 보면 입이 심심하게 마련이다. 음식 배달 주문이 늘어나고 가정에서 간단하게 조리해 먹을 수 있는 간편식이나 라면의 수요가 늘어날 것이다.

실제로 삼양식품, CJ제일제당의 매출이 크게 늘어났다. 예를 들어 CJ 비비고 만두의 매출은 2020년 상반기에 전년 동기 대비 시장 평균 성장률인 10%를 상회하는 12%의 성장을 기록했고 액수로는 1,264억 원을 기록했다.[34]

재택근무가 늘어나면서 웹 미팅도 해야 하고, 온라인을 통한 자료 교환도 빈번해지므로 관련 업종들은 당연히 주가가 오를 수밖에 없다. 이전에는 공유경제라는 개념으로 우버, 에어비앤비, 쏘카와 같은 기업들이 떴지만 코로나19로 공유경제는 큰 타격을 입었다. 여행과 이동이 줄어들기도 했지만 모르는 사람이 타던 차에 타는 것을 꺼리고 모르는 사람이 자기 집에 들어오는 것도 꺼리는 사람들의 심리가 공유경제에 타격을 입혔다. 반면 환경에 대한 관심이 늘어나고 주요국 정부가 경쟁적으로 그린 뉴딜 정책을 발표하면서 전기차와 수소차, 2차전지 관련 종목이 크게 상승했다.

코로나19 상태가 장기화하고 경제적인 타격이 눈덩이처럼 커지자 세계적으로 '코로나와 같이 사는 수밖에 없다'는 인식이 확산하는 경향도 나타나고 있다. 효과적인 백신이 나오고 집단 면역의 효과가 나타날 만큼 충분한 접종이 이뤄지기 전까지는, 피해를 감수하고 봉쇄를 푸는 나라들이 늘어나다가 감염병 확산세가 심각해지면 다시 봉쇄를 강화하는 식의 패턴을 반복될 가능성이 커졌다.

하지만 사람들의 일상 활동이 정상으로 돌아오면 소비재의 수요가 늘고 그동안 억눌려왔던 의류 소비는 상승세로 돌아설 것이다. 여행 수요도 빠르게 회복될 것이다. 서울시가 2020년 9월에 공개한 '코로나19 이후 달라진 시민 일상' 보고서에 따르면 코로나19가 발생하기 이전과 비교해서 육체적인 건강이 나빠졌다고 답한 서울 시민은 25%, 정신적인 건강 상태가 나빠졌다는 서울 시민은 40%에 이르렀다. 특히 32%는 여가 활동이나 여행에 제약을 받는 것이 가장 힘들다고 답했고 사람들과의 교류가 제한되는 게 힘들다는 응답도 26%였다.[35] 그만큼 여행은 현대인들에게 중요한 의미를 갖는다. 국경 봉쇄와 해외 입국자 자가격리로 인해 해외 여행길은 막혔지만 이를 대신해서 국내 여행의 수요는 증가세를 보이고 있다.

세상의 흐름이 어떻게 변화하는지를 보고, 이러한 변화가 경제와 산업에는 어떤 영향을 미칠 것인지 예측한다면 개인도 주도주의 교체 시점을 파악할 수 있다. 최근에 종종 거론되는 가치주냐, 성장주냐 하는 문제도 그렇다. 사실 요즘 주식시장의 상황은 PER, PBR 같은 지표를 따지는 가치주 개념으로 보면 투자할 곳이 마땅치 않은 게 현실이다. 예를 들어 테슬라는 전통적인 가치주 개념으로 접근하면 말도 안 되는 주가다. 그럼에도 자동차의 중심이 전기차로 옮겨갈 것으로 예측하고 이를 주도하는 기업이 테슬라라고 판단한다면 들어갈 수 있는 것이다. 일찍부터 그런 판단을 한 사람은 큰 수익을 얻을 것이고, 이미 시장의 주도권을 잡고 주가가 뛰어오른 후에 들어간 사람들은 리스크가 커질 것이다.

살 때도 팔 때도 인터벌을 길게 가져라

투자에 관한 여러 책의 저자들이 이구동성으로 하는 말은 돈을 벌겠다는 마음으로 투자하면 실패하고 돈을 잃지 않겠다는 마음으로 투자하면 성공한다는 것이다. 오늘 사서 10% 이상 수익을 챙기겠다고 덤비면 리스크가 큰 종목에 쉽게 손이 간다. 하지만 절대 손해 안 보는 회사에 투자하기로 마음먹었다면 망하지 않을 회사에 투자할 것이다. 그런데 망하지 않을 회사의 주가가 안 오를까?

현상 유지에 급급한 회사는 망하지 않을 회사라 할 수 없다.

지금도 사업을 잘하고 있고, 앞으로 전망도 괜찮은 회사, 재무 구조도 부채가 너무 많지 않고 현금흐름을 잘 운영하는 회사는 장기적인 관점으로 투자하면 큰 수익을 가져다준다.

주식투자로 크게 성공한 '슈퍼개미' 김정환 씨도 이런 이야기를 한 적이 있다. 주식을 살 때 일반인들은 하루에 사지만 자신은 한 종목을 한 달 동안 산다는 것이다. 그 한 종목에 대한 분석을 마칠 때까지 상당한 시간을 들이고, 매입할 때도 시간을 두고 분산해서 사는 것이다. 팔 때는? 마찬가지로 오랜 시간에 걸쳐서 천천히 수익을 실현한다.

그가 상당한 수익을 내는 이유 중 하나는 인터벌을 길게 가져가기 때문이다. 인터벌이 짧으면 사소한 출렁임에도 쉽게 흔들린다. 산 직후에 올랐다고 해서 성급하게 좋아할 필요도, 직후에 떨어졌다고 해서 성급하게 속상해할 필요도 없다. 인터벌을 길게 가져가는 투자자는 긴 흐름과 추이를 보기에 단기적인 진동에는 그다지 신경 쓰지 않는다.

적은 돈으로 투자하는 사람들은 자신이 산 종목이 며칠씩 상한가를 치면 단기간에 처분해서 큰돈을 벌고 싶을 것이다. 하지만 단기적으로 갑자기 큰돈을 버는 것이 좋은 것만은 아니다. 지인 중에 3,000만 원으로 시작해서 1,000억 원까지 간 투자자가 있다. 그는 '그릇'을 강조한다. 3,000만 원으로 투자한 종목들이 예측이 맞아떨어져서 단기간에 1억 원이 되고, 1억 원이 또 단기간에 10억 원이 되면 그야말로 로또 당첨과 같은 상황이 된다. 내가 그 돈을 담을 그릇이 안 되는데 갑자기 큰돈이 들어오면 정신을 못 차린다. 흥청망청 써버리든가, 더 큰 욕심을 부리든가 큰 손실을 보고 몰락할 위험이 커진다.

돈을 담을 그릇이 된다면 그 돈을 관리하는 능력이 생기므로 큰돈이 들어와도 흥분하지 않는다. 돈을 담을 그릇이 된다는 것은 잠깐 반짝했다가 망하는 투자자가 되지 않고 오래 성공하는 투자자가 되기 위해 꼭 필요한 마음가짐이다. 그러자면 시간이 필요하다.

많은 금액을 주식에 투자해서 수익을 내는 지인 한 명은 국내 시장은 물론 미국과 유럽 시장까지 두루 살펴본다. 낮에는 국내 시장을 보고 오후 3시 반에 장이 종료되면 오후 4시나 5시부터 유럽의 주요 시장이 열리고, 밤 10시 반부터는 뉴욕 주식시장이 시작된다. 이렇게 세계 주식시장을 두루 살피다 보면 새벽까지 가야 한다.

그렇다면 이 사람은 전 세계 시장에 투자하는 것일까? 그렇지는 않다. 그는 국내만 계속 보면, 중간에 시장이 출렁인다는 뉴스에 자기도 모르게 매도나 매수 버튼을 누르게 된다고 했다. 하지만 더 큰 시장을 보고 새벽에 잠이 들었다가 아침에 눈떠서 국내 시장의 흐름을 보면 세계 시장의 큰 틀 안에서 국내 시장이 움직이는 것이 보이므로 중간에 시장이 출렁거리더라도 버튼을 함부로 누르지 않게 된다고 했다.

투자를 시작하고 10년 이상을 수시로 일봉이나 주봉 차트를 보면서 투자했는데 어느 때는 10억 원까지 자산이 불어났다가 또 어느 때는 1억 원까지 추락하는 일이 되풀이되었다고 한다. 그 이후 습관을 바꿔 이 회사가 망할 위험이 어느 정도인지, 내가 돈이 있다면 통째로 인수해도 망하지 않을 회사인지 살피고 시장의 컨센서스를 예측했을 때 어느 정도까지 주가가 오를지 판단했다. 그리고 주가가 그 근처까지 가기 전에는 주봉만 어쩌다 한 번씩 보는 식으로 투자를 하니 10년 만에 200억 원으로 자산이 불어났다고 했다.

초보자가 비교적 소액으로 생각해볼 수 있는 투자법은 우량한 회사의 주식을 한 주든 두 주든 매달 사 모으는 방법이다. 아주 우량한 회사, 앞으로도 전망이 좋은 회사를 탐색하고 꾸준히 주식을 사는 것이다. 우량회사라고 하면 많은 사람이 삼성전자를 생각할 것이다. 삼성전자 주식의 흐름을 살펴보면, 일별로 오르내림이 심한 것처럼 보인다. 확 올라가는가 하면 확 떨어지기도 한다. 그러나 주봉으로 보면 살짝 우상향하는 패턴이 나타나며, 월봉으로 보면 계속 우상향 추세를 유지한다.

우량한 회사의 주식을 사 모으는 것의 장점은 그날그날의 등락에 일희일비할 필요가 없다는 점이다. 길게 보면 꾸준한 우상향 패턴을 보이는 좋은 회사들이 많으며, 이런 회사의 주식을 마치 적금 들듯이 꾸준히 사 모으면 위험이 적으면서도 상당한 투자 수익을 기대할 수 있다. 앞으로도 오랫동안, 적어도 3년 동안은 실적이 꾸준하게 좋아질 것으로 생각한다면 매달 일정한 금액만큼 사는 것을 추천한다.

은퇴 이후의 삶이 길어지면서 노후에 연금처럼 안정적인 수익을 얻을 방법을 고민하는 사람들이 많다. 연금에만 의지해 노후를 계획하기에는 어려움이 있다. 국민연금도 있고 개인연금도 있겠지만 저금리 상황이 당분간 이어진다고 하면 개인연금도 안정된 노후생활을 보장하기에는 액수가 너무 작다. 이런 사람은 배당주에 주목할 필요가 있다.

배당이 안정적이고 배당 성향이 높은 주식은 주가가 쉽게 떨어지지 않고 그렇다고 크게 오르는 일도 별로 없다. 주가의 상승폭은 제한되지만 항상 상당한 배당금을 준다. 안정적인 수익을 내는 기업의 우선주, 예를 들면 삼성전자 우선주가 그 예다. 메모리 반도체로 세계 시장을 석권했고 최근에는 시스템 반도체와 파운드리 투자를 강화하고 있다. 앞으로 수익이 계속 늘어날 가능성이 높고, 우선주는 의결권이 없는 대신 일반주보다 배당 성향이 높다. 대기업은 분기별로 배당을 주는 곳도 많으므로 안정적인 수입을 얻는 데 도움이 된다.

맥쿼리인프라도 대표적인 배당주로 꼽힌다. 우리나라의 민간투자 SOC 사업, 예를 들어 고속도로나 유료 터널, 교량 중에

맥쿼리인프라가 소유한 곳이 많다. 게다가 정부에서 최소 수입을 보장해주므로 실적 리스크가 매우 낮다. 1년에 두 번씩, 평균 6% 정도 배당을 하기 때문에 이런 주식은 주가가 다소 떨어지더라도 안타까워할 필요가 없다. 1년에 두 번씩 6% 정도의 배당을 받으면서 주가와 관계없이 장기간 보유하면 웬만한 금융상품의 수익은 아득히 뛰어넘는다.

또 한 가지 생각해볼 수 있는 투자 수단은 채권이다. 국내만이 아니라 글로벌 우량 채권에 은퇴자금을 투자하는 것도 좋은 방법인데 대체로 3~5% 정도의 수익률은 낼 수 있다. 채권은 만기 때까지 3개월에 한 번씩 이자를 지급하는데, 이자 지급 주기를 맞추면 대략 매달 이자 수익이 들어오도록 포트폴리오를 짤 수 있다.

다만 이는 아예 저축을 하지 말고 투자만 하라는 뜻은 절대 아니다. 항상 만약의 위기를 생각해, 또 위기 뒤에 올 기회에 대비하기 위해 일정 정도의 유동성을 유지할 필요가 있다. 다시 한 번 강조하지만 저축으로 들어가는 돈과 투자로 들어가는 돈의 비중을 나누고 필요한 유동성 자금을 반드시 확보해야 위기 상황에서 발 빠르게 기회를 잡을 수 있다.

금 투자도 장기적인 관점으로 접근하라

2015년 즈음의 일이다. 재무 상담을 하러 온 고객 중 한 명이 보유하고 있는 현금을 어떻게 굴리면 좋을지 고민이라고 했다. 그때 나는 금을 사라고 조언했다. 메르스 직후의 일로 그때도 시장이 불안하다 보니 한국은행이 기준금리를 인하했다. 금리 인하는 유동성 증가로 이어지며, 시중에 자금이 풀리면 시장은 희소성 있는 자산을 보유하려고 한다. 이 시기에는 미국 연준이나 한국은행도 가치 보유를 위해 금 보유를 늘린다. 고객이 그 권유를 받아들여 골드바를 샀을 때 우리나라 시장의 금값은 1kg당 4,400~4,500만 원 수준이었다. 2020년 9월 말 기준으로는 7,155만 원이다.

금의 가치를 결정하는 첫 번째 요소는 미국 달러의 가치다. 달러와 금값은 천적 관계다. 달러의 가치가 오르면 금값이 떨어지고, 달러가 떨어지면 금값은 올라간다. 위기 국면이 시작되어 미국이 유동성을 늘리기 위해 처음 돈을 찍어낼 때는 달러 가치가 바로 하락하지 않는다. 한 번으로는 안 돼서 추경을 계속 편성하고 시중에 돈을 계속 뿌리면 마침내 달러 가치가 하락하기 시작하고 동시에 금리도 하락하면서 그제야 돈의 가치가 떨어진다. 상황이 이렇게 되면 사람들은 가치가 변하지 않는 자산을 찾게 되는데 그중 하나가 금이며 경기 회복의 초기 단계까지 이러한 추세가 이어진다.

골드만삭스는 2020년 6월에 낸 투자 보고서에서 3개월, 6개월, 12개월 뒤 금값 전망치를 1온스당 각각 1,800달러, 1,900달러, 2,000달러로 예측했다. 이는 이전 보고서에 비해 평균 200달러씩 예측치를 상향 조정한 것으로 그 이유는 크게 두 가지다. 경제 회복 초기 단계에는 금 투자 수요가 증가하는 경향이 있으며, 셧다운이 풀리고 미국 달러화의 가치가 하락하면 신흥국의 투자자들이 금 투자로 돌아올 수 있다는 것이다.

금값이 상승 추세를 이어가는 기간이 길어진다는 것은 경제 정상화가 늦어진다는 뜻이기도 하다. 실물경제의 부진은 안전자산을 선호하도록 만든다. 예를 들어 2020년 7월 홍콩 보안법 문제로 미국과 중국 사이의 갈등이 커졌을 때 금은 물론이고 구리, 은을 비롯한 현물 가격이 동시에 올라가면서 금값 랠리 현상으로 이어졌다. 이처럼 금에 투자할 때는 사회와 경제의 흐름과 금값의 상관관계를 잘 관찰해야 한다.

코로나19 이후 금과 은에 대한 관심이 늘어나면서 최근에는 KRX 금시장, 금 ETF 등에 투자가 활성화되는 모습을 보인다. 금 투자를 추천하는 사람들도 부쩍 늘어났고, 특히 '안전자산'이라는 이름 때문에 마치 위험이 적은 안전한 투자처인 것처럼 인식하는 사람들도 많다. 그러나 '안전자산'이라는 말에는 함정이 있다. 투자 수단으로서 금의 가장 큰 단점이라면 상승할 때는 꾸준하지만 떨어질 때, 특히 폭락할 때는 그 폭이 아주 클 수도 있다는 것이다. 금 시세에는 하한가라는 것이 없다. 8월 11일, 미국의 뉴욕상품거래소에서 12월 인도분 금 선물 가격이 전날에 비해 1온스당 4.6%, 액수로는 93.4달러 급락했다. 우리나라의 금 거래 가격도 전날에 비해 6.67% 하락했다. 러시아의 코로나19 백신 개발 소식이 주된 원인이었다.[36] 따라서 안전자산이라는 말에 속지 말고 항상 주의해야 한다.

금은 단기투자 개념이 아니라 장기투자 개념으로 접근해야 한다. 특히 우리나라에서는 자녀 이름으로 금을 조금씩 적립하면 나중에 좋은 증여 수단으로 활용할 수 있다. 골드바를 사기에는 부담스럽다면 KRX 금시장을 통해 1g 단위로 투자할 수 있으며 은행 골드뱅킹은 0.1g 단위로도 가능하다. 분위기에 편승해 투기적인 마인드로 뛰어들지 말고 금도 길게 보고 투자해야 한다.

11장

창업, 그래도 기회는 있다

정부의 지원책에 답이 있다

IMF 외환위기 때는 정부가 외화 확보와 경제 살리기를 위해 코스닥 중심의 시장 활성화를 추진했고, 이를 위해 신생기업과 벤처기업의 설립을 촉진하는 전략을 썼다. 소비 활성화를 위해 신용카드 발급을 활성화했는데, 이는 소비의 급속한 증가로 이어져 자영업자에게는 좋은 기회가 되었다. 물론 알다시피 두 가지 정책은 어마어마한 IT 버블과 신용카드 대란으로 인한 신용불량자 양산이라는 부작용을 낳았지만 기회를 빨리 포착하고 실행에 옮긴 사람들은 상당한 이득을 챙겼다.

2008년부터 시작된 글로벌 금융위기 때는 순간적으로 무너진 금융시장을 살리기 위한 대책을 마련하느라 분주했다. 국가가 추가경정예산을 편성하고 기준금리를 내리는 방법으로 시장에 재정을 풀었다. 외환위기 이후와 비교하면 기회가 상대적으로는 적은 편이었지만 소비 활성화를 통한 경제 살리기에 초점을 맞췄기 때문에 이 역시 기회로 작용했다.

2015년 메르스 때는 언택트가 등장했다. 바깥 활동이 줄고 대면 접촉을 피하면서 온라인 쇼핑, 온라인 배달 서비스가 큰 인기를 끌었다. 코로나19로 인해 언택트 시장은 다시 한번 도약하고 있다. 오프라인 기반 기업들은 위축되었지만 온라인 플랫폼을 탄탄하게 구축한 기업들은 새로운 기회를 마음껏 누리고 있다. 위기 속에서 나타나는 이러한 기회를 빨리 파악해 내 것으로 만들기 위해서는 기민하게 움직여야 한다.

위기가 있을 때마다 정부가 내놓는 지원정책에는 중요한 기회가 담겨 있으므로 면밀하게 살펴야 한다. 창업은 실패할 위험이 크기 때문에 정부에서는 여러 가지 지원 프로그램을 제공하는데 위기 때는 더욱더 그렇다. 창업이 늘면 고용이 느는 효과도 있으므로 정부에서는 적극적으로 창업을 유도하려 한다. 외환위기 후 많은 사람이 정부가 내놓은 IT 활성화와 벤처 육성 정책의 수혜를 입었다. 말도 안 되는 아이템으로 투자만 받고 이른바 '먹튀'를 한 사람들도 있었지만 실제로 정부 도움으로 벤치를 창업하고 성공을 거둬 지금까지 잘 해오고 있는 사람들도 많다.

2011년부터는 박근혜 정부가 창조경제를 내세워 스타트업 육성책을 내놓았다. 특히 핀테크 기업들이 이 시기에 많은 혜택을 누렸다. 코로나19에 대처하기 위해 정부는 디지털 뉴딜과 그린 뉴딜을 두 축으로 하는 한국판 뉴딜 정책을 내놓았다. 이는 앞으로 관련 시장이 크게 성장할 것이라는 신호다. 여기서 내가 찾을 기회는 무엇일까? 이 부문에 관심이 있다면 뉴딜의 중점 과제들을 살펴보면서 고민해보기 바란다. 중소기업은 정부의 지원을 받을 방법도 많고 앞으로 한국판 뉴딜과 관련해서 정부가 지원하는 과제도 많이 나올 것이므로 창업 안전망을 갖추기 쉽다.

중요한 것은 '남보다 먼저' 뛰어드는 것

외환위기 직전인 1997년에 우리나라에는 이른바 '따따따', 즉 월드와이드웹www 열풍이 불었다. 웹 브라우저가 인터넷 세계에 등장하면서 활용도가 커졌고, 네이버와 다음을 비롯한 인터넷 벤처 1세대 기업들이 탄생했다. 또한 온라인 게임이 인기를 끌기 시작했는데 1999년에는 스타크래프트가 돌풍을 일으키면서 PC방 문화가 자리 잡았고, 뒤이어 리니지를 필두로 한 온라인 기반 롤플레잉 게임이 주목을 받았다. 반면 당구장 등 전통적인 인기 오락 시설은 크게 위축되었다. 온라인 고스톱, 포커와 같이 인터넷에서 상대를 만나 게임을 하는 트렌드가 생겨났다. 이른바 3N이라고 하는 국내의 대표 게임 제작사인 NC소프트, 넥슨, 넷마블도 이 토양 위에서 성장했다.

2000년에 접어들자 점점 고령화하는 사회에서 전보다 경제적으로 여유를 누리게 된 사람들은 노화를 늦추고 조금이라도 아름다움을 유지하기 위해 외모에 관심을 갖기 시작했다. 먼저 치아 교정이나 미백을 받는 사람들이 많아졌다. 2000년에 서울대 치의대팀과 포스텍의 교수팀이 치아 미백 관련 제품을 제조하고 판매하는 나이벡을 창업했다. 회사의 이름은 '내 이가 백색이 된다'는 말을 줄인 것이라고 한다. 이후 영역을 확장해 골다공증 치료제, 골이식용 재료 등을 개발하면서 더욱 탄탄한 회사로 성장했다.

사람들은 얼굴 주름에도 관심이 많아졌는데, 2000년경에 보톡스가 등장하면서 주름살 개선 시술에 획기적인 진전을 가져왔다. 선문대학교 교수였던 정현호 대표가 국내 최초이자 세계에서 4번째로 보톡스 원천기술 개발에 성공했는데 그가

2000년에 설립한 메디톡스는 2009년 코스닥에 상장해 어마어마한 대박을 터트렸다.

또한 2000년대 초반에는 신용카드 발급이 쉬워지면서 카드 소비가 일반화되었다. 온라인 쇼핑과 옥션, 인터파크, G마켓과 같은 전자상거래 기업들이 트렌드를 타고 급성장했다. 한편으로는 여행 산업도 번창했다. 1990년대에 여행 자유화가 이뤄졌지만 누구나 해외여행을 가기 시작한 것은 역시 2000년 초반에 신용카드가 일반화하면서였다. 목돈을 주고 가려면 부담스럽지만 카드 할부를 이용하면 조금이나마 마음이 가벼웠다. 여행상품도 단체 패키지 여행이 주류를 이뤘지만 젊은 층을 중심으로 온라인으로 여행 정보를 수집해 일정을 짜고 나만의 자유여행을 추구하는 붐도 일어났다. 이런 트렌드를 타고 온라인을 기반으로 한 여행사들이 생겨났고 기존 여행사들도 온라인 기반으로 변신하는 움직임이 나타났다.

2010년에 나타난 새로운 트렌드로는 스마트폰을 들 수 있다. 이미 이전에도 PDA폰이라는 이름으로 비슷한 개념의 휴대폰이 있었지만 2009년 11월 아이폰이 한국에 출시되고 삼성전자가 이에 맞서 안드로이드 기반의 갤럭시 스마트폰을 내놓으면서 한국의 휴대폰 시장에는 그야말로 빅뱅급 지각변동이 일어난다. 이전의 휴대폰으로 할 수 있는 일은 전화, 문자메시지, 간단한 정보 검색, 단순한 게임 정도였다. 하지만 아이폰이 등장한 이후에는 스마트폰으로 신문도 보고, 쇼핑도 하고, 방송도 보는 등 활용도가 무한대로 늘어났다. 이제는 스마트폰이 트렌드를 가리키는 하나의 나침반과 같은 구실을 하고 있다.

2012년에는 스마트폰으로 은행 업무를 볼 수 있게 되었다. 컴퓨터를 사용한 인터넷 뱅킹보다 더욱 편리하게 언제 어디서나 은행 업무를 볼 수 있기 때문에 은행들은 경쟁적으로 모바일 뱅킹 앱을 내놓았고, 이는 오프라인 지점 이용객 감소와 이에 따른 은행 지점 통폐합으로 이어졌다.

스마트폰이 낳은 첫 번째 스타로는 카카오를 꼽을 수 있다. 기존의 문자메시지를 사실상 완전히 대체한 카카오톡을 앞세워 다양한 모바일 서비스를 제공했고, 인터넷 벤처 1세대라 할 수 있는 다음을 인수해 네이버와 어깨를 겨루는 수준으로 발돋움하고 있다.

한편으로 전자상거래 업계도 인터넷의 주도권이 모바일로 옮겨 가면서 격변을 겪는다. 과거에는 인터넷을 일정한 장소에서 써야 했지만 모바일은 고정된 연결 포인트가 필요하지 않다. 초연결 사회가 도래한 것이다. 이때 '소셜 커머스'라는 이름으로 등장한 회사들이 쿠팡, 위메프, 티몬과 같은 회사들이다. 특히 쿠팡은 소비자들의 요구를 발 빠르게 읽어냈다. 이제는 언제 어디서나 인터넷을 쓰고, 사고 싶은 게 있으면 컴퓨터를 찾을 필요 없이 곧바로 스마트폰을 꺼내 주문할 수 있다. 그런데 배달은? 우리나라의 택배 시스템은 주문한 다음날 물건을 받을 수 있을 만큼 신속하지만 그조차도 느리게 느껴진다. 이런 점을 놓치지 않고 파고든 것이 쿠팡의 로켓배송이다. 주문을 하면 시간대에 따라 오늘 바로 받을 수도 있고 다음날 새벽에 받을 수도 있는 로켓배송은 열광적인 호응을 얻었다. 쿠팡은 인터넷 쇼핑 업계에 지각변동을 일으켰다.

온라인 배달 플랫폼도 빠르게 성장했다. 기존에는 음식점에 배달을 시키려면 카탈로그에서 먹고 싶은 것을 찾은 후 전화로 주문해야 했다. 음식점의 카탈로그를 스마트폰으로 볼 수 있고, 그중 먹고 싶은 음식을 터치하면 바로 주문이 되고 배달이 이뤄지는 시스템을 만들어 큰 성공을 거둔 회사가 배달의민족을 운영하는 우아한형제들이라는 회사다. 여기에 요기요, 배달통과 같은 경쟁 업체들이 등장해 온라인 배달 시장은 고공행진이라는 말로도 부족한 성장세를 이어갔다.

박근혜 정부에 들어서는 창조경제를 앞세운 스타트업 지원 정책을 추진했다. 특히 핀테크 분야를 중점 지원한 결과 스타 기업들이 등장했다. 2012년 신용카드 추천 앱으로 시작한 뱅크샐러드는 점점 기능을 강화해 지금은 신용카드 지출관리, 예산 수립, 지출관리, 자산관리 서비스 앱으로까지 진화했다. 2014년 상대방의 전화번호만 알면 간단하게 송금을 할 수 있는 서비스로 출발한 토스 역시 자산관리, 지출관리, 신용관리 앱으로 발전하면서 가장 인기 있는 핀테크 앱으로 자리를 굳혔다.

코로나19 속에서도 새로운 트렌드를 읽고 한발 앞서 사업에 뛰어드는 모험가들이 속속 등장하고 있다. 중요한 것은 '한발 앞서' 뛰어드는 것이다. 이미 트렌드가 확산한 후에 뛰어들면 뒤처지기 마련이다. 그리고 진입이 더 힘들고, 살아남아 자리를 잡기 위해서는 선발주자보다 훨씬 더 많은 돈을 써야 한다. 코로나19로 언택트가 트렌드가 되었으니 언택트 관련 사업을 하면 되겠다는 생각만으로는 부족하다. 하나의 트렌드는 또 다른 트렌드의 도화선이 되며, 꼬리에 꼬리를 물고 새로운 트렌드를 만든다. 언제나 주의를 게을리하지 말고 변화의 흐름에 먼저 올라타기 위해 노력해야 한다. 아니면 직접 창업하지 않더라도 트렌드를 먼저 읽고 뛰어든 기업에 투자함으로써 고수익의 기회를 잡을 수도 있다.

불편한 것에 주목하라

많은 온라인 기반 서비스들을 보면 기존의 것을 모방하되 거기서 한 발 더 나간다. 플리토flitto라는 번역회사는 전 세계의 번역 인재를 온라인으로 연결해준다. 삼성, LG, 오라클 등 대기업들을 고객으로 두고 있고 개인에게도 서비스를 제공한다. 기존에도 번역회사는 있었지만 이 회사가 그들과 다른 점은 온라인 플랫폼을 통해 번역을 필요로 하는 기업 또는 개인과 번역가를 연결해준나는 것이다. 번역은 대면 접촉이 크게 필요하지 않기에 온라인을 통한 비즈니스가 효율적인 분야다. 고객이 원본과 번역비를 주면 번역가는 작업한 원고를 보내주면 그만이다.

상장을 앞두고 있는 블랭크코퍼레이션이라는 회사가 있다. 이 회사의 대표 상품인 마약베개, 퓨어썸 샤워기 등을 기획한 정주리 브랜드 디렉터는 이러한 제품의 개발 비결을 이렇게 이야기한다.

"저는 남들이 하는 건 다 해보고 싶고, 남들이 예쁘다고 하면 다 예뻐 보이는 사람이거든요. 내가 필요한 거면 대중에게도 필요할 거라는 가설을 세우고, 아침에 일어나서 밤에 잠들 때까지 사용하는 물건을 노트에 죽 적어봤죠. 200개 정도가 나왔고, 그중 상품화할 수 있는 걸 추려봤더니 50개 정도 되더라고요. 마약베개, 퓨어썸 샤워기, 두숨밴드 모두 다 애초에 거기 적혀 있던 것들을 하나씩 꺼내서 만든 상품이에요."[37]

일상적인 생활에서 작지만 불편했던 것들을 해결하는 것을 '라이프 해킹'이라고 한다. 자고 일어나도 목이나 어깨가 뻐근해서 잔 것 같지 않은 문제를 해결해주는 마약베개, 수압이 낮아서 샤워할 때 물줄기가 힘이 없고 녹물이 나오는 문제를 해결하는 퓨어썸 샤워기, 발바닥 각질을 팩으로 편리하게 제거해

244

주는 악어발팩과 같은 상품들은 소소하지만 많은 사람이 고민하는 문제를 풀어주는 아이템으로 성공을 거뒀다.

하이퍼커넥트라는 회사가 출시한 영상 데이팅 앱 '아자르'도 큰 인기를 끌었다. 이 앱은 2019년 소비자 지출 기준 상위 앱에 6위로 이름을 올렸는데 그 위의 자리를 차지한 앱은 카카오톡, 카카오페이지, 유튜브, 네이버 웹툰, 왓차 플레이와 같이 대기업 또는 글로벌 기업이 만든 앱이다. 예전에도 데이팅 앱은 있었지만 아자르는 사용하기 쉽도록 매우 단순하게 만든 것이 강점이다.

아자르는 짝이 필요하면 쉽게 만날 수 있도록 불필요한 군더더기를 다 없앴다. 일단 회원으로 가입한 후 원하는 상대의 지역과 성별을 선택하고 나서 화면을 오른쪽으로 쓸면 랜덤으로 영상 대화가 연결된다. 부작용을 방지하기 위해 AI 기술을 적용해 가짜 프로필을 걸러내는 등 보안에도 신경 썼다. 불필요한 과정을 모두 생략하고 단순하게 만든 아자르의 2015년 매출은 94억 원이었지만 2019년에는 1,700억 원으로 4년 만에 1,700%나 성장했다.[38]

블랭크코퍼레이션의 정주리 디렉터의 말처럼, 평범한 사람들이 일상에서 느끼는 소소한 불편에 주목하라. 그 불편을 해소하려면 어떻게 해야 하는지 아이디어를 짜보자. 그러면 큰돈을 들이지 않고도 사람들에게 어필하는 제품을 만들 수 있다.

네트워크 효과의 시대

예전에는 창업을 하면 제품 마케팅을 위해 신문과 같은 전통적인 매체에 광고하는 것이 보통이었다. 이제는 어떤 제품을 구매한 소비자가 많을수록 더 많은 소비자가 생겨나는, 일종의 입소문 효과가 강력한 마케팅 수단이다. 사람들은 전통적인 광고의 메시지보다 실제 사용자들의 경험담을 중요하게 여긴다. 그리고 인터넷을 통해 자신이 사려는 제품에 대한 여러 경험담을 수집함으로써 제품을 입체적으로 파악할 수 있게 되었는데 바야흐로 네트워크 효과의 시대라 할 수 있다. 예전에는 단순히 좋은 제품, 맛있는 음식이라는 식으로 소비자에게 어필했지만 이제는 경험과 감성을 담아 네트워크에 홍보하면 기하급수적인 U자 라인의 효과를 낼 수 있다. 특히 SNS의 발달은 마케팅에도 큰 변화를 가져왔다. 대중이 일반 광고보다 소비자들이 자신의 SNS에 올린, 제품을 착용한 사진이나 사용 경험담을 더 신뢰하는 경향이 있기 때문이다.

미국에서 선풍적인 인기를 끈 안경 유통회사인 와비파커 Warby Parker는 마케팅에 SNS를 활용한 대표적인 사례다. 이 회사는 원하는 고객에게 서로 다른 스타일의 샘플 안경테 5개를 보내 5일 동안 써보고 가장 마음에 드는 것을 주문할 수 있도록 한다. 그런데 이 중 상당수가 다른 사람들의 반응이 궁금해

SNS에 샘플을 착용한 사진을 올린다. 본의 아니게 소비자들이 와비파커의 안경을 홍보해주는 셈이다.

네트워크의 힘은 곧바로 발휘되지 않는다. 전통적인 광고의 시대에는 광고에 돈을 들이면 효과가 빠르게 나타났다. 하지만 네트워크 효과는 물을 끓이는 것과 같다. 물이 끓기 전에는 온도만 오르고 별다른 변화가 없지만 시간을 두고 꾸준히 열을 가하면 결국 물이 끓는점에 도달해 폭발하는 지경에 이른다.

자영업, 지금 시작해도 될까

코로나19는 자영업자들에게 큰 위기라고 할 수 있다. 감염에 대한 우려로 바깥 활동이 줄어드니 손님이 사라지고, 아예 정부 명령으로 강제 휴업을 해야 하는 업종도 있다. 지금과 같은 상황에서 자영업에 뛰어드는 것은 매우 위험한 것이 사실이다.

다만 당장 창업하겠다는 생각을 버리고, 시간을 두고 준비를 철저히 하다가 코로나19가 종식 국면에 접어들 때 들어간다면 큰 기회를 잡을 수도 있다. 유지관리, 예약, 직원 교육 등 호텔이나 리조트를 관리하고 연결해주는 사업을 하던 친구들이 있는데 얼마 전에 사무실 문을 닫았다. 컨벤션 행사를 기획하던 회사들도 문을 닫았다. 여행사도 폐업하는 곳이 속출하고 있다

하지만 코로나19가 어느 정도 진정되거나 소멸하면 이런 비즈니스가 다시 필요해질 것이다.

코로나19가 진정될 때 재빠르게 진입하는 것을 목표로 지금부터 시간을 두고 차근차근 창업을 준비하고 계획한다면 때가 되었을 때 남보다 먼저 기회를 잡을 수 있다. 백신이나 치료제가 나오고 사망률이 떨어지면 사람들은 점점 겁이 없어질 것이다. 어느 시점이 되면 전염병의 공포보다 일상과 경제가 망가지는 것에 대한 공포가 더 커질 것이다. 이미 서구권은 그런 단계로 가고 있다.

코로나19의 위험이 완전히 종식되지는 않더라도 세계적으로 일정 정도 관리가 가능해지면 해외여행 제한도 서서히 풀릴 것이고, 그러면 여행이나 컨벤션 관련 사업에도 다시 기회가 찾아올 것이다. 그동안 억눌려 있던 욕구가 폭발하면서 수요가 가파르게 상승할 수도 있다. 이런 기회를 생각하면서 차근히 준비한다면 실패 확률을 낮출 수 있을 것이다.

한 가지 흥미로운 창업 사례로 생활 밀착형 서비스를 제공하는 '국민집사 김집사'를 들 수 있다. 이 서비스는 '생활 밀착형 컨시어지'를 표방하는데 현재는 서울 및 경기도의 일부 지역에서만 서비스를 제공하고 있지만 조금씩 지역을 넓혀가고 있다. 이들이 하는 일은 자녀 학교 보내주기, 동사무소 가서 서류 떼오기, 음식점에 가서 테이크아웃해주기, 장 봐주기 등 사소한

심부름으로, 고객이 모바일 앱을 통해 신청하면 원하는 서비스를 받을 수 있다. 성인 인증만 하면 술이나 담배 심부름도 해준다. 해야 하는데 시간이 없거나 직접 하기는 귀찮은 일들을 성실하게 대신 해주는 것이다. 생활 밀착형이라는 점 외에 처음에는 작은 지역에서 시작해 조금씩 지역을 넓혀갔다는 것이 이 서비스의 특징이다.

온라인 서비스라고 해서 꼭 전국적으로 서비스해야 한다고 생각할 필요는 없다. 또한 창업을 한다고 해서 거창하게 시작해야 하는 것이 아니라 이처럼 처음에는 작은 규모로 시작해 형편에 따라 조금씩 지역을 넓혀가는 것도 좋은 방법이다.

12장

위기의 시대일수록 빚에 신경 써라

코로나19의 영향으로 기준금리가 제로 수준으로 낮아지면서 완전히 새로운 상황이 벌어지고 있다. 그중 하나가 신용대출 금리가 주택담보대출 금리보다 낮아진 것이다. 2020년 8월 시중은행들에 따르면 신용대출 금리는 신용등급과 대출금액 등에 따라 차이가 있지만 최저 연 1.74%에서 최고 3.76%인데 반해, 주택담보대출 금리는 연 2.03~4.27%다.[39] 최고 금리와 최저 금리 모두 주택담보대출보다 신용대출이 더 낮은 것이다. 은행 신용대출 금리가 3% 미만으로 내려간

적은 거의 없고, 5% 밑으로 간 적도 별로 없다. 보통은 5% 수준이고, 신용도가 높은 사람이 3~4% 정도다. 정말로 한 번도 경험해보지 못한 낮은 금리인 것이다. 오죽하면 은행원들도 신용대출을 받는다는 이야기가 나오겠는가.

코로나19 이후 정부는 은행에 막대한 자금을 풀었고 이는 그대로 금융시장으로 흘러들었다. 이 돈을 빌리는 방법은 주택담보대출이나 신용대출, 예적금 및 보험 담보대출까지 다양하다. 지금은 사회적으로 빚을 지는 사회, 빚을 권하는 사회라고 해도 과언이 아니다. 이럴 때일수록 정신을 바짝 차려야 한다.

빚내서 돈을 쓸 것인가, 돈을 벌 것인가

대출의 용도는 크게 부동산 구입, 투자, 생계, 이렇게 세 가지다. 금리가 기록적으로 낮다 보니 집을 사든, 주식을 사든, 금을 사든, 대출을 받아서 투자하기가 아주 좋은 상황이다. 문제는 이것이 양극화를 심화시키는 방향으로 간다는 점이다. 다음의 그래프에서 과거의 가계부채 동향을 보면 2003년부터 2005년까지 가파르게 상승했고, 2009년에도 다시 상승했음을 알 수 있다. 이후 2013년부터 2015년까지 다시 큰 폭의 상승세를 보였다. 2013년에는 가계부채가 1,000조를 돌파했다.

2009~2010년의 신종플루와 2015년 메르스는 자영업자들을 병들게 했고, 특히 이른바 '기-승-전-치킨집'이라는 말이 나올 정도로 사업 경험 없이 자영업에 뛰어든 사람들이 특히 메르스 때 큰 피해를 봤다.

정부는 서민에게 집중하기보다는 전체적인 경기를 살려야 한다는 생각에 은행에 돈을 풀었고, 이 돈은 은행에서 자산가에 게로 넘어갔다. 자산이 많을수록 신용이 좋으므로 대출받기가 더 수월하기 때문이다. 이 돈이 다시 투자시장으로 가면서 자산 가들은 더 많은 돈을 벌어서 양극화는 더욱 심해졌다. 외환위기

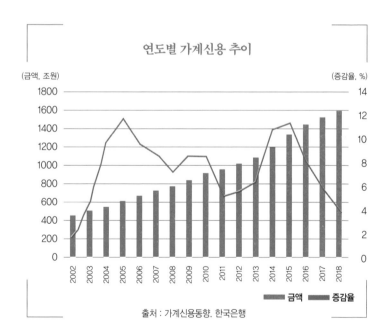

연도별 가계신용 추이

출처 : 가계신용동향. 한국은행

부터 이미 중산층의 몰락은 시작되었지만 2010년대 이후에는 더욱더 빠른 속도로 심해지면서 중산층에게는 치명타가 되었다. 또한 청년들은 일자리를 구하지 못해 구직은 포기하다시피 하고 아르바이트를 전전하는 사람들도 늘어났다.

많은 자영업자가 이미 빚 부담이 상당한 상황에서 위기가 닥치면 매출이 떨어져 현금흐름이 급속히 경색되면서 위기로 내몰린다. 위기가 닥치면 정부는 자영업자를 위한 저금리 대출을 시행한다. 하지만 사태가 장기화하면 그 돈마저 다 써버리고, 그러면 정부는 또 대출 지원을 제공하지만 결국 빚만 늘어날 뿐이다. 아무리 저금리라도 빚은 빚이기 때문이다.

자영업자들의 사정이 너무 어려워지다 보니, 임대인들이 자율적으로 임대료를 내려 부담을 줄여주자는, 이른바 '착한 임대인 운동'이라는 것이 벌어졌다. 실제로 임대료를 내려준 마음씨 좋은 임대인도 있는가 하면, 착해지고 싶어도 그러기 힘든 임대인도 있다. 자신도 빚을 지고 빌딩이나 상가를 샀기 때문에 임대료를 받아야 이자를 내는데, 코로나19로 임대료가 밀리는 경우가 많아 위기에 몰리는 것이다. 임차인만이 아니라 임대인도 빚이라는 굴레에 갇히는 것이다.

이런 상황이지만 한편에서는 경험 소비, 위로용 소비, 보복적 소비라는 이름의 소비를 하고 이를 위해 빚을 지는 것을 당연시한다. 강의를 하면서, 그리고 재무 상담을 하면서 특히 이런 점에서 젊은 세대를 답답하게 느꼈다.

빚을 지는 방법은 참으로 다양하다. 우리나라는 전 세계에서 유일하게 신용카드 무이자 할부가 있는 니리디. 그 밖에도 마치 돈을 절약할 수 있는 것처럼 착각하게 만드는 별의별 상술이 다 있다. 전액을 결제하지만 카드대금을 청구할 때 적립해주기도 하고, 결제액 일부를 포인트로 돌려주는 경우도 있고, 상품권과 사은행사를 통해 할인 혜택을 주기도 한다. 똑같이 100만 원을 써도 이런 혜택을 잘 이용하면 돈을 버는 거나 마찬가지라는 생각에 쉽게 넘어간다.

나 역시 책을 살 때 구매 금액이 5만 원이 넘을 경우 3,000원을 포인트로 주는 행사를 하면 갈등한다. 예를 들어 지금 사려는 책들이 합쳐서 4만 4,000원이면 그 3,000원 포인트가 탐이 나서 한 권을 더 사게 된다. 몇천 포인트를 얻기 위해 1~2만 원을 더 쓰게 되는 것이다.

재무 상담을 진행했던 50대 여성은 자신이 아주 알뜰하고 똑똑하게 신용카드를 사용하고 있다고 했다. 사고 싶은 물건을 무이자 할부로 이자 한푼 안 내고 사므로 그만큼 돈을 버는 것이라는 설명이었다. 하지만 예를 들어 한 달에 여윳돈이 100만 원이 있는데 100만 원짜리 물건을 10개월 무이자로 결제하면 90만 원이 남는다. 수중에 돈이 남아 있으니 마음에 드는 물건이 있으면 또 사게 된다. 그게 또 100만 원이고 또 10개월 무이자로 구입한다면 여윳돈은 80만 원으로 줄어든다. 그렇게 사고, 사고 또 사면 결국 한 달에 100만 원을 카드값으로 내게 되는데 이는 전혀 알뜰한 소비 생활이 아니다.

코로나19 이후에 부채 문제를 어떻게 해결해야 할까? 안타깝게도 뾰족한 대책이 없다. 정부의 정책 대출도 무이자는 아니다. 원금도 언젠가는 갚아야 하지만 코로나19의 장기화로 골목상권의 경기는 최악이고 언제 그런 상태에서 벗어날 수 있을지 알 수 없다. 사태가 길어지면 정부가 쓸 수 있는 대책도 점점 줄어든다. 빚의 굴레를 벗어날 자구책을 찾을 필요가 있다.

역대급 저금리의 시대, 빚내서 투자해도 될까

앞서 이야기한 대로 여러 차례의 위기는 양극화를 부채질했다. 특히 위기 이후 투자시장은 평범한 개미들이 투매로 털고 나가면 돈 있는 사람들이 헐값으로 주워가는 놀이터라고 해도 과언이 아니었다. 그런데 코로나19 이후의 투자시장을 관찰해보면 양극화의 틈을 중간층이 비집고 들어오는 현상이 나타났음을 알 수 있다. 요즘 서울 아파트 가격 상승을 주도하는 세력, 동학개미운동의 주도 세력은 모두 30대다. 이들은 돈이 많아서 투자시장에 뛰어드는 게 아니다. 모아놓은 자산은 별로 없지만 저금리를 최대한 이용하는 것이다.

주식시장도 기존에는 웬만큼 자산이 있고 투자 경험이 있는 사람들이 주도해왔다. 이른바 슈퍼개미부터 한 단계 아래의 중급개미가 주도해온 것이다. 하지만 요즘은 30대, 그리고 20대까지도 공부를 많이 하고 뛰어들다 보니 과거처럼 양극화 현상이 벌어지는 것이 아니라 중간층이 들어와 시장을 지탱하고 있다. 과거에 비해 위기 국면에도 주가나 주택 가격이 쉽게 떨어지지 않는 이유도 새로운 계층이 매수 세력으로 대거 유입되었기 때문이다. 그런 까닭에 소폭의 조정이나 단기적인 패닉장은 있을 수 있어도 2020년 3월과 같은 큰 폭락이 있을 가능성은 많지 않아 보인다. 물론 가계부채 문제가 커지는 점이 우려스럽긴 하지만 당분간은 초저금리 국면이 이어질 가능성이 높으므로 큰 문제가 되지 않을 것이다.

비록 부채에 따른 금리 부담이 많이 낮아졌지만 부채 비율이 높은 투자에는 여전히 리스크가 존재하므로 항상 주의할 필요가 있다. 예를 들어 부채를 잔뜩 당겨서 신용대출을 받아 투자했거나, 신용융자로 주식을 매수했는데 단기적으로 시장이 출렁일 수 있다. 악재가 불거져서 외국인과 기관의 동시 매도가 나오면 개인들도 답이 없으니 투매에 뛰어들 수 있다. 단기적으로는 패닉장이 올 가능성은 얼마든지 있다. 부동산도 2021년 6월에 정부의 규제가 본격 작동하는 시기가 오면 단기적으로라도 매물이 대거 나올 수 있고 위험할 수 있다. 이런 상황을 잘 버티고 넘어가면 괜찮은데, 부채 비율이 너무 높으면 잘 넘어가기가 힘들다.

자산시장에 당분간은 큰 위기는 없을 것으로 보이지만 실물경제는 나아진 게 별로 없는데 자산시장만 너무 신나게 달렸으니 불안한 것이 사실이다. 아무리 유동성 앞에 장사는 없다고 하지만 이런 상태가 영원히 계속될 수는 없다. 투자시장은 생물과도 같아서 너무 달리면 에너지가 고갈되고 지친다. 과연 소진되는 에너지를 유동성이 계속 감당할 수 있을까?

IMF 외환위기로 많은 사람이 직장을 잃었다. 새로운 직장을 구하면 다행이지만 그러지 못한 사람 중에는 가진 돈을 털어서, 그도 모자라서 빚을 내서 자영업에 나서는 사람들도 많았다. 자연스레 자영업자가 크게 늘어났다. 빚내서 직업을 만든 셈이다. 여기에 정부가 경기 활성화를 명분으로 카드 발급 규제를 무제한에 가깝게 풀어주니 자영업을 하면서 돈이 없으면 카드론을 끌어 썼다. 카드빚이 갑자기 늘어나고 돌려막기를 하면서 더더욱 빚이 늘어났다. 소득으로는 금융 이자도 갚을 수 없는 한계 가구가 덩달아 크게 늘어났다.

그런데 하필 이 시기가 IT 버블이 끓어올랐던 시기다. 소득으로는 이자도 못 갚는 사람들 사이에서 한탕주의가 등장하기 시작한다. 바닥까지 빚을 끌어다 주식시장에 뛰어든 것이다. 이들은 일확천금의 탐욕 때문이라기보다는 정상적인 방법으로는 빚을 해결할 수 없기에 마지막으로 희망을 걸고 뛰어들었다. 문제는 이중 상당수가 거품이 절정에 다다를 때 속된 말로 '상투를 잡은' 경우라는 것이다. IMF 외환위기, IT 버블, 카드 사태가 맞물려 발생하면서 투자시장에서 크게 손해를 본 사람들이 많았다.

평상시라면 아마도 부채가 어느 규모 이상을 넘지 않게 관리하라고 조언했겠지만, 코로나19 이후의 막대한 유동성과 저금리 앞에서는 그런 지침을 제시하기가 어려워졌다. 이전보다는 상한선을 조금 더 높게 잡아도 될 것이고 빚지고 투자하지 말라는 이야기도 지금과 같은 상황에서는 옳지 않은 말일 수도 있다. 그래도 이 상황은 결코 정상적인 것이 아니며 언제까지 갈 수 있는 것도 아니라는 사실만큼은 반드시 염두에 두어야 한다.

위기 뒤에 나타난 투자시장의 과열과 거품이 어떤 결말을 낳았는지 과거의 경험을 되새겨본다면, 설령 빚을 내서 투자하더라도 리스크가 발상했을 때 견뎌낼 수 있는지, 예를 들어 자신이 가진 주식의 가치가 30% 떨어져도 반대매매가 일어나지 않을 정도의 담보 비율 유지를 할 수 있는지를 항상 살펴야 한다.

체면을 버리면 빚도 버릴 수 있다

우리나라 사람들이 빚을 지게 만드는, 우리의 문화 중 하나로 '체면'을 들 수 있다. 이것 때문에 겉으로는 부유하고 넉넉해 보이지만 재무 상태는 말이 아닌 사람이 정말 많다. 재무 상담을 위해 찾아온 고객 중에 군에서 장성을 지내고 예편한 사람이 있었다. 현역 군인 시절에는 넓은 공관에, 기사에, 관용차에, 심지어 당번병까지 두고 생활한다. 그런데 예편하면 이 모든 것이 신기루처럼 사라지니 공허하고 허탈해진다.

물론 장성까지 지내면 상당한 액수의 군인연금이 나온다. 웬만한 가정이라면 노후생활을 하는 데 충분할 정도의 액수다. 그러나 신분이 바뀌고 환경이 바뀌면 목돈 들어갈 일이 줄을 선다. 그때까지 집을 살 돈을 모으지 않았다면 대출을 받아서라도 살 것이다. 군에서 예편하고 나면 은퇴자 신분이니 대출 한도도 줄어든다. 이 고객은 집을 살 여력도 대출 한도도 안 되니 전세자금 대출을 받았다.

은퇴했다고 해서 인맥이 끊어지는 것은 아니다. 군 장성이면 군 안팎으로 아는 사람이 정말 많은데 그 사람들의 이런저런 경조사를 챙겨야 한다. 군에 있을 때의 자기 지위가 있으니 돈을 적게 낼 수가 없다. 그러다 보니 한 달에 경조사비만 200만 원이 넘게 나간다고 했다. 그걸로 끝이 아니다. 가끔 모여서 골프도 치고, 사교 모임도 해야 하는데 여기에 쓰는 돈도 만만치 않다. 본인만이 아니라 부인도 나름대로 '장군 부인'이라는 체면이 있어서 그쪽으로 나가는 돈도 상당하다. 결국 빚이 늘어간다. 이런 모습을 보면서 많이 안타까웠다. 문제를 해결하려면 체면을 버려야 하는데, 높은 지위에 있었던 사람일수록 체면 때문에 어려움에서 벗어나지 못한다.

또 한 가지는 예비 부부의 사례다. 신랑과 신부 모두 공무원인데 양가 모두 넉넉한 상황이 아니었다. 특히 남편 집안은 아버지의 사업 실패로 자녀들이 빚을 떠안고 차근차근 갚아나가는 중이었다. 결혼을 앞두고 상담을 할 때 몇 가지 주문을 했다. 첫째, 남편이 혼자 사는 자취방에서 신혼생활을 시작할 것, 둘째, 양가 부모님을 설득해서 혼수는 하지 말 것, 셋째, 결혼식도 최대한 돈을 절약할 수 있는 방법으로 할 것, 그렇게 해서 빚을 최소화하고 돈을 모으겠다고 양가 부모님을 설득하라고 조언했고 부부도 동의했다.

하지만 양가 부모는 끝까지 반대했다. 결국 체면이 문제였다. 그런 식으로 결혼하면 주위 사람들 보기에 체면도 안 서고 민망하다면서, 한 번뿐인 결혼을 남들보다 번듯하게는 못 해도 남들만큼은 해야 한다고 펄펄 뛰니 결국 부모가 하자는 대로 끌려가게 되었다. 결혼식장은 다행히 공무원이라 무료로 빌릴 수 있었지만 음식부터 만만치 않게 하다 보니 비용이 많이 들어갔고, 신혼살림을 남편의 자취방에서 하자는 것도 양가 부모가 결사반대해서 아파트를 전세로 임대하고 혼수까지 다 채웠다. 빚은 하나도 줄이지 못하고 오히려 전세금 대출까지 추가로 받아야 했다.

이런 상황은 보통 결혼뿐 아니라 출산 이후까지 계속 이어지기 마련이다. 우리는 빚을 져가면서까지 악착같이 남에게 뒤처지지 않으려고 한다. 결국 모든 것이 체면 때문이다. 체면을 내려놓아라. 그러면 빚도 내려놓을 수 있다.

자녀를 향한 사랑은 무한하지만 돈은 유한하다

40대부터는 자산 상태를 점검하면서 자녀를 어느 정도까지 교육시킬지를 고민해야 한다. 자녀에게는 돈이 아무리 많이 들어도 최고의 교육을 제공하고 싶은 게 부모의 마음이지만 그러다가는 자칫 가족의 삶 전체가 흔들릴 수 있다. 특히 맞벌이 부부는 자녀와 많은 시간을 가지지 못하는 미안함 때문에 그 빈자리를 물질로 채우려는 경향이 있는데, 그러다 보면 배보다 배꼽이 더 커진다. 각자의 자아실현을 위해 일을 하기도 하지만 혼자 버는 것보다는 둘이 버는 게 나으니 맞벌이를 하는 사람도 많은데 쓰는 돈이 더 많아 안 하느니만 못한 것이다.

우리의 교육은 아이들을 승자 아니면 패자라는 이분법으로 나눈다. 어떻게 해서든 내 아이는 패자로 만들기 싫어서 해달라는 것은 나 해주려고 한다. 학원도 보내주고, 어학연수나 해외연수도 보내주고, 돈이 없으면 빚을 내서라도 해주려고 한다. 자신의 노후자금 같은 것은 생각할 겨를이 없다. 그렇게 자신의 노후까지 저당 잡혀가며 자녀에게 돈을 쏟아부어서 승자가 되면 그나마 다행이지만 안타깝게도 승자는 소수에 불과하다. 결국 노후자금도 제대로 모으지 못한 채로 은퇴를 맞이하고 자녀에게 짐스러운 부모가 된다.

재무 상담을 받으러 오는 40대 부부 중에는 교육비 문제로 고민하고, 그 때문에 빚을 진 사람들이 많다. 강남에 사는 사람들은 다들 돈도 많고 최고의 교육을 시킬 것 같지만 속을 들여다보면 그렇지 않다. 대치동 학원가에서 20년 이상 강의와 입시 지도를 해온 심정섭 씨는 저서 『심정섭의 대한민국 입시지도』에서 "입시에 실패한 가정은 조용하다"고 말했다.

마치 대치동에만 가면 치열한 경쟁과 최고의 교육 환경에서 성적이 오르고 좋은 대학을 갈 수 있을 것처럼 생각하지만 이는 성공한 부모들의 이야기만 듣기 때문에 생기는 착시현상이다. 실패한 부모는 말이 없다. 강남 부모는 아이에게 모든 재력을 다 쏟아붓는데 과연 얼마나 많은 대치동 학생들이 이른바 'SKY 캐슬'에 입성할까? 잘해야 10% 정도만이 입성한다. 엄청난 돈을 쏟아부어서 그저 '인 서울'이나 하려는 강남 부모는 없을 것이다. SKY, 의대, 그나마 SKY 다음 정도 급의 대학에 들어가는 소수를 제외한 다수는 한마디로 '투자에 실패한' 사례다. 그걸로 끝나면 다행이지만 부모와 자녀의 관계가 엉망이 되고 가정은 빚더미에 앉게 된다. 이런 문제로 재무 상담을 받으러 오는 사람들이 한둘이 아니었다.

이런 고객에게 내가 꼭 당부하는 것은 부모가 '자신감'을 가져야 한다는 것이다. 이 사회가 강요하는 승자와 패자의 이분법에서 벗어나 자녀가 무엇이든 사회가 필요로 하는 역할을 하면서 행복하게 살 수 있다면 그것이 성공이라는 생각을 부모가 자녀에게 심어줘야 한다. 그래서 자녀가 눈치 보지 않고 스스로 좋아하고 잘할 수 있는 일을 찾도록 용기를 준다면 그것이 부모와 자녀가 함께 행복해지는 비결이다.

부모는 자녀에게 무한한 사랑을 베풀고자 하지만 돈은 유한하다. 물질적인 부분에 대해서는 선을 그어야 한다. '어디까지'라는 한계점이 반드시 필요한 것이다. 내 능력으로 빚지지 않고 최소한의 노후 준비를 하면서 자녀 교육에 어느 정도까지 돈을 쓸 수 있는가? 이 질문에 솔직하게 대답해야 한다. 교육에는 어디까지, 결혼에는 어디까지라고 선을 그어야 하고 더 나아가 그러한 생각을 자녀와 공유해야 한다.

그러기 위해서는 자녀들을 믿어야 한다. "네가 뭘 알아? 엄마

아빠가 하라는 대로 해!"라고 하면서 무시하지 말고 자녀의 생각을 존중하고, 자신의 미래를 고민하고 길을 찾도록 응원해야 한다. 지금은 자녀들이 부모 세대보다 새로운 정보를 받아들이는 데도 훨씬 능하고, 세상의 변화와 트렌드에도 더 민감하다. '인생 경험'을 무기로 자녀를 밀어붙이는 시대가 아니다. 자녀를 인정하고 자녀의 이야기를 들어줄 줄 알아야 자녀의 미래는 물론 가정의 미래도 함께 숙고해 답을 찾을 수 있다.

위기의 중년이라면 초조함을 극복하라

40대가 되면 앞날의 불확실성이 커지기 시작한다. 슬슬 명퇴니 구조조정이니 하는 말이 남 이야기 같지 않다. 40대부터 차근차근 준비해서 사업을 시작하면 실패할 확률이 낮지만 아무런 준비 없이 섣불리 뛰어들었다가는 실패하기 십상이다. 매일 일상에 치여 어렴풋이 생각만 하다가 50대가 되어 갑자기 은퇴가 성큼 다가오자 그제야 허겁지겁 창업에 나서는 이들도 있다. 이런 사람들 역시 실패하기 딱 좋다.

40대와 50대를 어떻게 넘어가야 할까? 이는 50대 중반을 넘어가는 나의 고민이기도 하다. 회사의 정년이 대부분 만 55세이므로 50대에는 평균적으로 은퇴를 한다. 가장 좋은 방법은 장기간에 걸쳐서 은퇴 이후의 계획을 짜고 미리 준비하는 것이다. 모아놓은 자산이 없다면 정말로 심각하게 고민해야 한다. 앞으로의 수입과 지출을 따져보고 그 안에서 생활을 꾸려나갈 것인지, 요즘처럼 저금리 시대라면 과감하게 빚을 내서라도 투자할 것인지도 고민하게 될 것이다.

그리고 투자를 통해서 자산을 늘리고 싶다면, 다시 강조하지만 초조해하지 말고 차분하게 손해 보지 않는 것을 목표로 투자하라고 권하고 싶다.

사실 50대는 초조할 수밖에 없다. 직장에서 밀려나고 자녀 교육비와 내 집 마련에 돈을 쓰다 보니 모아놓은 금융자산은 퇴직금 정도가 전부인 사람들이 많다. 그냥 놀기에는 가족들 눈치가 보이고, 구직하자니 예전 직장과 비교하면 모든 면에서 눈에 안 찬다. 그러다 덜컥 자영업에 나서거나 무리하게 투자를 하다가 그나마 남은 자산까지 모두 날리고 빚까지 지는 사람들이 많다. 부모가 사업에 실패해서 자녀까지 빚을 떠안는 사례들을 보면 부모가 50대인 경우가 많다.

50대의 창업은 초조하고 불안한 마음이 가장 큰 위험 요소다. 초조함은 경솔함으로 이어지고 실패로 가는 지름길이다. 초조할수록 신중해야 한다. 내가 가진 재산이 10억이라고 가정해 보자. 그중 10%인 1억 원을 투자해서 한 달에 100만 원은 벌 수 있다는 확신이 드는 아이템이 있다면 투자해도 좋다. 그런데

1억 원을 들여 100만 원을 벌면 수익률이 10%가 넘으니 더 크게 시작하면 더 많이 벌 수 있을 것 같지만 이는 위험한 생각이다. 뜻대로 된다는 보장이 없기 때문이다. 10% 정도를 투자했다가 실패하면 아직 90%가 남아 있으니 심기일전해서 다시 도전할 수 있지만 50%를 투자했다가 실패하면? 그 다음에 뭔가를 해볼 여지가 크게 줄어든다.

재무 상담 고객 중에 대기업 임원으로 있다가 퇴직한 사람이 있었다. 수중에 10억 원이 있었는데 프랜차이즈 음식점을 한다고 3억 원을 투자했다. 처음에는 돈만 댔는데 옆에서 보니 자신이 직접 하면 더 잘될 것 같아서 팔을 걷어붙였다. 하지만 뜻대로 되지 않아 3억 원을 고스란히 날리고 말았다. 사업에 실패하니 서울이 싫어져 떠나고 싶다고 했다. 나는 남은 7억으로 지방의 도시에 집을 한 채 사고, 나머지는 안정적인 투자 포트폴리오를 짜서 매월 수입을 얻을 수 있도록 계획을 세워주었다. 다행히 잘 맞아떨어져서 안정적인 수입을 올리는 것은 물론 집값도 올라서 어려움 없이 살고 있다.

50대에 퇴직한 후에 자영업을 하겠다고 자산을 탈탈 털어 넣는 것은 그 액수만큼 빚을 지겠다고 선언하는 것이나 마찬가지다.

부채의 출구 전략

연령대별로 빚지는 원인을 살펴보면 20대는 학자금 대출, 30대는 결혼자금과 내 집 마련, 출산 및 육아, 40대는 자녀 교육자금, 그리고 50대는 퇴직 후 자영업을 하기 위해서다. 물론 개인이나 가정에 따라 차이는 있겠지만 빚지는 원인을 알아야 빚에서 벗어날 출구 전략을 찾을 수 있다.

무엇보다도 먼저 빚지는 습관은 만성질환이자 불치병이라는 사실을 명심해야 한다. 이 사실을 망각하면 일시적으로 빚을 갚아도 시간이 지나면 또다시 빚을 지게 된다. 비만이 만성질환이자 불치병이라는 사실을 망각하면 다이어트로 잠깐 살을 빼더라도 얼마 후 요요현상이 오는 것과 같다. 빚도 비만도 완치가 아니라 평생 관리해야 하는 병이라고 생각해야 한다.

부채의 만성질환에서 벗어나려면 먼저 부채 리스트를 만들어야 한다. 내가 어디에 어느 정도의 빚을 지고 있는지, 이자는 얼마인지, 매달 상환하는 금액이 얼마인지, 원금 일시 상환이라면 언제 원금 상환 시기가 도래하는지 부채에 대한 정확한 리스트를 작성해야 한다.

그다음으로는 부채를 유형별로 분류해야 한다. 대출받은 곳이 은행인지, 제2금융권인지, 대부업체인지 분류하고, 대출 이유도 분류해야 한다. 담보대출이라면 담보대출의 조건이 어떻게 되는지, 다중 부채를 지고 있다면 먼저 갚아야 할 부채가 무엇인지 우선순위를 정해야 한다. 이자 부담이 높은 빚, 신용에 악영향을 주는 빚이 우선순위가 될 것이다.

이제 자신의 부채를 파악했다면 빚을 줄일 방법을 찾아야 한다. 먼저 나의 소득으로 통제 가능한 빚과 그렇지 않은 빚으로 나눠야 한다. 통제 가능한 빚은 무조건 빨리 청산해야 한다. 소득만으로 부족하다면 자산을 청산하는 것도 생각해봐야 한다. 예금, 적금, 보험 등의 금융상품 등을 청산하면 의외로 많은 빚을 갚을 수 있다. 모두 다 꼭 필요한 것처럼 보이지만 과감하게 결단을 내려야 한다. 금융상품으로 모을 수 있는 돈보다 빚이 커지는 속도가 빠르다면 돈을 모으는 의미가 없다는 사실을 생각해야 한다.

빚이 감당 가능한 수준이라면 여러 건으로 대출이 분산되어 있을 경우 대출 건수를 줄이는 방법도 고려해볼 수 있다. 단순 총액이 같아도 대출 건수가 많으면 신용등급에 나쁜 영향을 주고 관리가 어렵기 때문이다. 이자 부담이 높은 대출이라면 '바꿔드림론'과 같은 지원 정책을 통해 이자 부담을 줄일 수 있다.

그래도 해결할 수 없는 통제 불가능한 빚은 전문가의 도움을 받아야 한다. 2003년 카드 사태로 신용불량자가 대량으로 발생한 후로 정부는 부채 부담을 줄이고 신용을 회복시키기 위한 다양한 제도를 만들었다. 빚의 공포에 사로잡힌 사람들은 이러한 지원책이 있다는 것을 모르거나, 자신이 활용할 수 있다는 사실을 알지 못해 어떻게든 신용불량자가 되지 않기 위해서 더 많은 빚을 끌어다 쓴다. 빚 탈출을 위해 전문가의 도움이 필요한 이유다.

빚이 너무 과중할 때, 연체의 늪에 빠지기 전에 도움을 받을 수 있는 유용한 제도가 연체 전 채무조정이다. 신용회복위원회에서 제공하는 채무조정제도는 크게 연체 전 채무조정, 이자율 채무조정(프리워크아웃), 채무조정(개인워크아웃)으로 나뉘며 상황이 더 심각하다면 법원의 개인회생이나 개인파산 및 면책을 이용할 수 있다. 과거에는 1~3개월의 단기 연체가 있는 채무자를 위한 프리워크아웃이 가장 먼저 이용할 수 있는 제도였기 때문에 이를 위해서 일부러 연체를 시킬 수밖에 없었지만 연체 전 채무조정은 연체가 없거나 1개월 미만 단기 연체라고 해도 빚이 과중할 경우에는 지원받을 수 있다.

제도의 도움을 받으려면 내가 갖고 있는 빚의 내용을 살펴야 한다. 아예 갚을 능력도 없고 소득도 없다면 파산밖에 답이 없다. 법원으로부터 파산 및 면책 결정을 받으면 남은 채무 상환을 면제받을 수 있다. 이렇게 해서라도 어깨의 짐을 덜 필요가 있다. 만약 당장 갚을 능력은 없지만 매달 조금이라도 소득이 있다면 개인회생으로 갈 수 있다. 이는 자신의 소득 범위 안에서 일정 기간 빚을 성실히 갚으면 나머지 빚은 면책해주는 제도다.

갚을 능력이 전혀 없는 것은 아니고 소득도 있다면 이자 부담을 줄이는 방법을 생각해보는 것이 좋다. 개인워크아웃은 이자율을 10% 이상 떨어뜨려주며 프리워크아웃은 연체이자를 일반 이자로 바꿔주므로 이자 부담을 크게 덜 수 있다. 사전채무조정은 대출 변제를 최장 2년까지 유예해주고 전환 대출을 제공한다. 과중한 빚을 진 사람 중에는 어떻게 해서든 연체로 신용불량자만큼은 되지 않으려고 이자만 갚으면서 버티는 이들이 적지 않은데, 원금이 줄지 않는 한 빚의 굴레에서 벗어날 수 없다. 혼자 끙끙댈 게 아니라 정부의 제도를 적극적으로 활용해 빚에서 벗어날 방법을 찾아야 한다.

위기가 닥칠 때마다 양극화는 심해진다. 가진 자는 더 많이 가지고 빚진 자는 더 많은 빚을 진다. 특히 개인에게는 빚 그 자체가 위기를 불러오는 시한폭탄이다. 아직 빚을 많이 지지 않았다면 빚에 시달리지 않는 삶을 살 수 있도록 미리미리 좋은 재무구조를 갖추어야 하고, 이미 빚 때문에 생활에 지장을 받을 정도의 상황이라면 처절한 노력으로, 그리고 다양한 지원책을 활용해 굴레에서 빠져나와야 한다.

13장

자신만의 돈 버는 패턴을 만들어라

누구나 돈 걱정 없이 사는 인생을 꿈꾼다. 위기 국면에서는 더더욱 돈 걱정 없이 사는 사람들이 부럽다. 어떻게 하면 돈 걱정 없이 살 수 있을까? 아주 간단하다. 쓰는 것보다 더 많이 벌면 된다. 하지만 이는 많은 사람에게 너무나 실천하기 어려운 방법이다. 또 한 가지 방법은 안 쓰고 저축하는 것이다. 이 역시 간단하지만 힘들다. 남은 한 가지 방법은 살면서 내게 어떤 돈이 얼마나 필요한지 계획을 세우고, 그에 맞게 합리적으로 지출하고, 저축을 늘리고 그에 더해 투자를 통해 새로운 수익을 창출하는 것이다. 이는 앞의 두 가지 방법보다는 훨씬 복잡하지만 가장 현실적이다.

우리가 사회에 진출한 후에 일어나는 큼직한 사건들을 생각해보자. 결혼, 출산과 양육, 은퇴가 가장 큰 사건일 것이다. 그 중간에는 자가용도 장만하고 싶고, 집도 사고 싶을 것이다. 가끔 여행도 가고, 경조사도 챙겨야 한다. 이렇게 우리 삶은 크고 작은 이벤트들로 채워진다. 그런데 큼직한 사건들이 한꺼번에 일어나는 경우는 별로 없다. 큰 사건이 일어나는 시기에 따라 우리 삶의 한 페이지가 끝나고 새로운 페이지가 시작된다.

돈을 모으고 관리하는 시스템을 만드는 데 필요한 세 가지

위기 상황이든 평상시든 재무관리를 위한 첫걸음은 돈을 모으고 관리하는 시스템을 만드는 것이다. 이를 위해 몇 가지 염두에 둬야 할 것들이 있다.

첫째, 내가 버는 돈과 나가는 돈이 어떻게 구성되는지 살피는 과정, 즉 재무설계가 필요하다. 돈이 들어오고 나기는 구조를 보려면 내 삶이 어떻게 흘러갈 것인지, 언제쯤 중요한 사건들이 일어날 것인지, 그에 따라 언제쯤 얼마의 돈이 필요할지를 먼저 따져봐야 한다. 그 돈이 필요한 시점에 마련되도록 미리 계획하고 준비하는 그림, 즉 돈의 설계도를 그려본다. 나의 자산과 부채가 얼마인지 따져보고, 자산에서 부채를 뺀 순자산이 늘어나는 방향으로 재무구조를 만들고 실천에 옮겨야 한다. 1년마다 재무구조를 재평가하고 재무설계를 조정하면 인생 설계가 탄탄해진다.

둘째, 나가는 돈의 구조를 살펴보고 합리적인 지출을 하고 있는지 판단해서 불필요한 소비는 줄여야 한다. 이를 위해서는 예산 수립이 필요하다. 지출 중에는 고정적으로 나가는 돈, 예를 들어 임대료, 관리비, 통신비와 같은 것들이 있을 것이고, 일반적인 소비로 나가는 돈이 있을 것이다. 명절과 같은 때에는 지출이 일시적으로 늘어날 것이다. 그리고 예산을 뽑아보면 지나치게 많이 나가는 돈이 분명히 눈에 보일 것이다. 많은 사람이 먹고 마시는 데 돈을 많이 쓴다. 한 번에 나가는 돈의 액수는 그리 크지 않아 보이지만 가랑비에 옷이 젖는 법이다. 커피값도 한 달에 얼마나 썼는지 계산해보면 깜짝 놀라는 사람이 많을 것이다.

나의 수입을 감안해 생활비와 용돈을 구분하고 수입과 지출 예산을 수립해야 불필요한 지출을 줄이고 더 많은 돈을 저축할 수 있다. 요즘은 지출을 관리하는 가계부 앱도 있고, 신용카드를 사용하면 그 내역을 소비 종류별로 분류해서 차트로 보여주는 앱도 있다. 이런 앱을 사용하면 손쉽고 정확하게 예산을 관리할 수 있다.

셋째, 예전과는 다르게 이제는 저축을 돈 버는 수단으로 보기 힘들다. 따라서 투자를 통한 수익 창출을 반드시 고려해야 한다. 예금 금리가 1%도 안 되는 수준이기 때문에 은행에 저축을 해봐야 돼지저금통에 돈을 넣는 것이나 마찬가지고 인플레이션을 생각하면, 즉 돈의 가치로 본다면 실제로는 돈을 조금씩 잃는 것이나 마찬가지다.

문제는 디레일만이 아니다

위기 상황에서 돈을 버는 첫 번째 비결은 큰 그림을 보는 한편으로 작은 그림도 놓치지 않는 것이다. 위기에서 기회를 찾기 위해서는 반드시 이렇게 해야 한다. 지금까지 닥친 위기에서 투자의 기회를 놓친 것은 위기를 제대로 읽을 줄 몰랐기 때문이다.

최근에 친한 친구 두 명을 만났다. 한 명은 증권사에 다니다가 퇴직했는데 이 친구는 투자할 때 매일 거래를 하거나 주식창을 들여다보지 않는다고 한다. 평상시에는 우량주 위주로만 가지고 있으면서 기회가 올 때까지 참을성 있게 기다리다가, 위기가 닥쳤을 때 과감하게 들어가서 남들은 몇 달, 심지어 몇 년을 투자해야 벌 돈을 한 번에 번다는 것이다. 도대체 어떻게 그런 패턴으로 돈을 버는 게 가능한지 물어보니 그는 이렇게 대답했다.

"시장을 읽어봐. 재미있는 사실을 알게 된다니까?"

그 친구에 따르면 지금처럼 위기가 왔을 때 주가가 떨어지면 기회가 온다는 것까지는 많은 사람이 알고 있다. 그래서 기회를 잡으려고 하는데 갑자기 시장이 출렁이면서 주가가 다시 한 번 폭락한다. 그러면 사람들은 '아, 이젠 진짜 끝났구나' 하고 겁을 먹고 빠진다는 것이다. 친구는 그때야말로 이제까지 보지 못한 정말 싼 가격이라고 생각하고 뛰어든다고 한다. 반대로 사람들이 너도나도 뛰어들고 주가가 크게 오르면 관망세로 돌아선다. 거품이 생긴 것이라는 생각에서다.

이 친구가 첫 번째로 주목하는 것은 신용잔고, 즉 빚을 내서 주식에 투자한 규모가 어느 정도인가다. 주식 신용거래는 보통 3개월에 한 번씩 만기가 도래하는데 별문제가 없다면 만기를 연장해주지만, 주가가 떨어졌다든가 해서 담보 비율이 기준 이하로 떨어지면 증권사는 강제로 반대매매를 한다. 코로나19를 전후로 한 동학개미운동 열풍 초기인 3월에는 신용잔고의 증가가 크지 않았지만 4월 들어서 큰 폭으로 늘어났다. 그러면 6월 말에 만기가 도래하고, 그다음에는 9월 말과 12월 말에 만기가 도래한다. 이 시기에 주가가 흔들리면 하락 찬스, 즉 저가에 매수해서 상승할 때를 기다리면 된다.

이 친구가 두 번째로 주목하는 것은 12월 말의 양도세다. 현재는 한 종목을 전체의 1% 이상 혹은 시가총액 기준으로 10억 이상 가지고 있으면 양도소득세 부과 대상이다. 그 기준은 12월 마지막 장이 마감되는 12월 28일인데, 그 이전에 대주주 요건을 피하려고 주식을 파는 사람들이 많다는 게 친구의 주장이다. 처분해야 할 금액이 많으면 주식을 파는 데 한 달씩 걸리기도 한다. 그렇다면 12월 초부터 물량이 나올 텐데 그때가 기회라는 것이다. 12월 말에는 신용 만기도 있어서 절호의 기회가 될 수 있다. 12월 중순쯤부터 싸게 나온 주식을 사면 전통적으로 연초에는 주가 상승을 부추기는 효과가 있기 때문에 2월쯤에는 기회가 올 것이라는 게 친구의 생각이다. 그의 이야기를 들으면서 일리가 있다고 생각했다. 이렇게 시장의 계절적인 특성을 이해하면 투자 판단에 도움이 된다.

문제는, 이런 이야기를 하면 이른바 '기술적 분석'을 한다고 일봉 차트만 들여다보는 개인투자자가 많다는 점이다. 짧게만 보지 말고 길게 봐야 한다. 일봉, 주봉, 월봉, 더 나아가 분기와 연간, 5년 등 다양한 각도로 봐야 한다. 시장을 크게 크게 보는 한편으로 디테일도 놓쳐서는 안 된다. 대주주의 지분 청산, 신용 만기에 따른 반대매매와 주식시장에 상승과 하락을 일으키는 기술적 지표를 관찰할 필요가 있다.

부동산시장이라면 양도세 중과 개시 시점이나 종부세 부과 시점과 같이 정부 정책이 작동하는 시기를 살필 필요가 있고, 경기 회복과 동시에 정부가 시중에 풀었던 유동성을 다시 회수하는 시점, 즉 M2 통화량의 증가 속도가 둔화하는 시기를 살펴야 한다. 30, 40대가 부동산투자의 주요 세력으로 나선 것에도 주목할 필요가 있다. 이들은 맞벌이 부부가 많고 신용대출과 주택담보대출을 최대한 받는, 이른바 영끌 대출로 집을 산 경우가 많기 때문에 정부 규제로 세금이 크게 늘어나고 향후 유동성 회수 시기에는 이자 부담이 커질 가능성이 높다. 30대의 주택 구입 열풍이 처음에는 강남에서 시작해서 '마용성'으로 옮겨가고, 수도권으로 다시 퍼졌는데 같은 세력들이 지역을 옮겨다니는 것이 아니라 서로 다른 30대가 들어간 것이기 때문에 어느 정도 살 사람들이 사고 나면 그런 현상이 계속 나타나기는 어렵다.

현재 30대가 청약가점으로 당첨되는 것은 사실상 불가능하다. 강남에서 분양을 받으려면 가점이 65점 이상이어야 하는데, 가점 최대치가 70점이니 거의 만점을 받아야 한다는 뜻이다. 30대는 대체로 50점대인데 이 정도로는 어림도 없다. 이런 사람들이 우회 수단으로 생각할 방법은 새 아파트를 비싼 돈을 주고 사거나 재건축 아파트를 사는 것이다. 정부가 규제책을 들고 나오더라도 사람들은 어딘가 있을 정책의 구멍을 찾아다닐 것이고, 점점 '똘똘한 한 채' 쪽으로 시장이 움직일 가능성이 크다,

똘똘한 한 채를 마련하기 어렵다면 수도권의 괜찮은 지역으로 눈을 돌려야 하는데, 주로 기존에 인프라가 잘 갖춰져 있고 서울을 오가는 교통이 편리한 곳, 예를 들어 하남, 고양, 김포, 수원과 같은 지역을 꼽을 수 있다. 정부는 주택 공급 대책으로 3기 신도시를 추진하고 있는데, 이 과정에서 대규모 택지 보상이 이뤄질 것이다. 부동산에서 보상받은 돈은 무조건 부동산으로 가는 경향이 있기 때문에 부동산에 대규모 투자자금이 유입되어 가격을 끌어올릴 수 있다. 보상금은 올해 말부터 2021년 상반기까지 풀릴 텐데, 이러한 자금 유입으로 2021년 상반기까지는 아파트 값이 떨어지기 어려울 것이다.

부동산이든 주식이든 큰 흐름을 보는 눈을 가져야 한다. 그러면 초조해지지 않는다. 투자에서 가장 경계해야 할 심리적인 위험은 초조함이다. 초조하다 보니 급하게 들어가고 급하게 판다. 위기 상황에서는 많은 사람이 조급증에 빠지는데 그 시기가 역으로 투자의 큰 기회가 오는 타이밍이다. 2012년까지는 부동산을 가장 싸게 살 기회가 있었다. 조정기가 왔을 때 매수했다면 2013년 이후에는 부동산에서 엄청난 수익을 올릴 수 있었을 것이다. 주식도 위기와 함께 온 조정기 때 매수에 나섰다면 마찬가지로 기회가 있었을 것이다. 위기의 순간에 닥치는 조정기에는 흐름을 잘 살피면서 매수를 하거나 버티는 전략이 필요하다.

투자 기회를 알려주는 세 가지

위기를 내 자산을 관리하고 증식하는 기회로 만들기 위해서는 그것을 정확히 분석할 필요가 있다. 분석의 주요 도구 중 하나는 금리다. 금리 인하는 자산 가치 상승과 관계가 깊다는 사실을 알아야 한다. 우리나라만이 아니라 전 세계적으로 최근 20년 동안 금리 인하는 통화량 증가로 이어지고, 다시 자산가치의 상승으로 무조건 연결되었다. 2002년에 IT 버블이 발생했을 때 미국의 기준금리는 2000년 6.5%에서 2003년 1%까지 떨어졌다. 이후 미국의 기준금리를 결정하는 연방준비제도이사회 FRB는 계속해서 금리를 올리다가 2008년 서브프라임 모기지론 사태가 터지고 그것이 금융시장 전반의 위기로 번지자 금리를 0%까지 떨어뜨렸다. 이렇게 금리가 떨어졌을 때 자산가치 상승의 기회가 가장 많다고 할 수 있다. 돈을 모으는 나만의 투자법을 만들 때는 금리의 움직임에 민감해야 한다.

투자에서 기회를 발견하기 위해서는 다음 세 가지에도 주목해야 한다.

첫째, 외국인의 움직임이다. 외국인들은 시장을 우리나라 중심으로 보는 게 아니라 자국 중심으로 본다. 미국인의 투자 패턴은 미국 시장의 패턴을 따라간다. 미국 시장의 분위기가 아주 좋으면 우리나라에서 돈을 빼서 미국으로 간다. 미국 시장이 와

만하게 조정기를 거치면 이머징마켓인 우리나라로 더 많은 돈이 유입된다.

둘째, 정부의 정책 방향이다. 정부 정책은 늘 위기가 오면 극단적인 대응을 하게 되어 있다. 모호한 대응은 안 하느니만 못하다. 외환위기 직후에는 소비 촉진을 위해 카드 발급 기준을 크게 완화했다. 부동산 가격이 조정을 받고 경착륙 우려가 커졌을 때는 분양가 상한제를 전격 폐지했고 시장은 곧바로 상승세로 돌아섰다. 지금도 부동산 대책을 발표해도 시장에서 안 먹히면 더욱 독한 정책을 들고나온다. 평소 같으면 생각지도 못할 극단적인 처방이 등장한다. 극단에는 기회가 있다.

셋째, 위기 이후 변화된 사회의 모습이다. 변화된 사회에서는 새로운 비즈니스가 탄생하기도 하고 기존에 있던 사업이 몰락하기도 한다. 여기에 주목할 필요가 있다. 예를 들어 대규모 모임이 줄어들 가능성이 크므로 대형 음식점들은 상당수가 위험에 처할 것이다. 반대로 새로운 사업의 기회도 생겨난다.

지인 중 한 명은 서울 근교 그린벨트 지역에 택지가 있는데 여기에 상업시설을 내는 걸 허가받아서 최근에 도넛 카페를 열었다. 넓은 야외 부지에 파라솔과 테이블을 간격을 널찍하게 설치했는데 그야말로 미어터진다고 이야기할 정도로 번창하고 있다. 예전과는 달리 안전한 야외에서 음료와 디저트를 즐기고 싶어 하는 사람들이 많다 보니 그에 딱 맞는 사업이 된 것이다.

첫째도 둘째도 현금 비중

코로나19 이후 투자시장의 분위기는 반등을 넘어 과열 우려가 나올 만큼 뜨겁다. 정말로 과열인지 지금이 상승 분위기의 고점인지 혹은 아직은 중반인지 판단하기가 쉽지 않다. 그러나 한 가지 확실하게 말할 수 있는 것은 현금을 확보할 시기라는 것이다. 뜨거운 분위기 때문에 시장에 들어갈지 말지 판단하기 힘든 사람들이 많을 텐데, 더 오르기 전에 지금이라도 들어가자는 조급증에 빠지기보다는 현금을 확보하고 기회를 기다리는 것이 나을 수 있다.

위기가 찾아오면 그에 대한 시장의 반응이 나타나고, 위기에 대응해 정부가 부양책을 내고 유동성을 공급하면 거품이 끓기 시작한다. 거품은 어느 시점을 넘으면 결국 꺼지고, 기다린 사람들에게는 다시 기회가 온다. 그러므로 전체 자산 중 투자자산과 현금자산을 구분할 필요가 있다.

현금은 언제나 필요하지만 시장의 변동성이 큰 상황이라면 더더욱 현금을 충분히 확보해야 한다. 포트폴리오를 구성할 때 내 전체 주머니를 현재 자산 증식을 위해 쓰는 주머니, 언제든지 투자 기회를 잡기 위한 주머니, 나의 생계에 필요한 돈을 담아두는 주머니로 구분해서 그에 맞게 현금 비중을 유지해야 한다.

보험 포트폴리오, 어떻게 구성할까

최근에는 보험 상품도 많이 발전해서 이것저것 여러 가지를 들 필요가 없어졌다. 은퇴 설계를 위해서라면 변액유니버셜보험에 장기 가입하는 정도로 충분하다. 저축성 보험이라고 해도 기본적으로 보험료에서 사업비와 위험 보장료가 일부 공제되므로 기본 보험료는 적게 하는 대신 공제가 없거나 훨씬 적은 추가 납입을 활용하면 효율을 높일 수 있다. 10년 이상 장기 가입해야 비과세 혜택을 받을 수 있고 수익도 좋으므로 노후자금을 많이 모을 욕심으로 무리하지 말고 10년 이상의 기간 동안 실직이나 이직, 질병과 같은 문제가 발생해도 보험료를 내는 데 문제가 없는 수준으로 정해야 보험 유지에 문제가 안 생긴다.

질병이나 상해 같은 부분은 지금 너무 많이 넣어봐야 별로 소용이 없다. 수명도 길어졌지만 건강에 대한 지식도 많아지고 의료기술도 발달해서 위험이 예전처럼 크지 않다. 질병과 상해에 관련된 위험을 보장받고 싶다면 실손보험과 3대 성인병(암, 뇌졸중, 심장질환) 보장보험 중심으로 구성하는 것이 좋다. 생활에 밀접한 보험은 운전한다면 자동차보험, 여행을 갈 때는 여행자보험을 필요에 따라 가입하면 된다.

보험 포트폴리오를 짤 때는 첫째, 3대 성인병 보장은 별도로 가입하고, 상해와 일반적인 질병은 실손보험을 중심으로 한다.

둘째, 사망 보장으로는 개인 부채가 많은 시대이므로 내가 죽으면서 가족들에게 혹시 부채를 남겨줄 경우 감당할 수 있을 정도로 가입하는 것이 좋다.

마지막으로 내 생활에 맞는 자동차보험, 휴대폰 보험 정도를 드는 것으로 충분하다.

모든 경우에 가장 중요한 것은 실직이나 이직 때문에 일시적으로 수입이 줄어들어도 한동안은 보험 유지에 문제가 없을 정도의 보험료가 어느 정도인지를 생각하는 것이다. 보장 액수만 보고 무리하게 가입했다가 유지하지 못하고 중도 해지하면 환급금이 납입한 보험료보다 적은 경우가 대부분이다. 특히 보험 설계사 일을 하는 친척이나 지인이 부탁해서 불필요한 보험에 가입하는 사람들이 많은데, 불필요한 보험료 지출이 늘어나기도 하지만 오래 유지하지도 못하고 중도 해지해서 손해 보는 일이 많다. 야박해 보일 수는 있어도 보험 가입은 쉽게 생각할 일이 절대 아니다. 아는 사람이 부탁한다고 해서 자가용을 몇 대씩 사는 사람은 없다. 이 보험에 가입할 경우 내가 만기 때까지 내는 보험료가 얼마인지 계산해보면 차 한 대 값은 나올 것이다.

부채 위험, 과거보다는 낮아졌지만

지금은 소득이 어느 정도 유지된다면 금리가 워낙 낮기 때문에 개인 부채가 당장 문제가 되지는 않는다. 예전에는 자산 대비 30%만 빚을 내라든가, 월급의 20% 이내에서 원리금 상환을 감당할 수 있을 정도로 부채를 관리하라고 조언했지만 코로나19 이후로는 기준금리가 제로금리 수준으로 떨어졌고 시중금리도 역대 최저 수준이라 자산 대비 얼마 이내에서 대출을 관리하라고 말할 필요가 없어졌다. 게다가 자산가치가 너무 빨리 상승하다 보니 저축 금액을 줄이고 투자하는 게 나을 수도 있는 상황이다. 기존의 원칙만 고려할 게 아니라 레버리지 효과를 감안해서 기준을 잡을 필요가 있다.

단, 금리가 다시 오를 때는 이자 부담이 갑자기 커져서 위험해질 수 있다는 사실을 꼭 기억해야 한다. 금리가 당장 오르지는 않겠지만 코로나19가 종식 국면으로 접어들고 경제가 정상화하면 과도하게 풀린 유동성을 회수해야 하므로 금리를 올릴 수밖에 없다. 따라서 위기 이전보다 부채의 비중이 늘어날 수 있으므로 유의해야 한다.

악성부채는 가능하면 지금처럼 금리가 낮을 때, 그리고 정부가 지원 프로그램을 제공할 때 적극 활용해서 정리해야 한다. 대부업체나 캐피털 대출을 쓰고 있는 사람들은 신용회복위원회를 찾아가면 낮은 금리의 대출로 전환해주는 프로그램들이 있으니 활용하라. '다 끝났다'고 쉽게 좌절하지 말고 양호한 부채로 갈아탈 방법을 모색하라. 위기 상황에서는 중앙정부와 지방정부가 각종 지원 프로그램들을 내놓는데 잘 몰라서 이용하지 않는 사람들이 많다. 이런 정책에 관심을 가지고 잘 활용해야 한다.

재무 상담을 했던 어느 학원 강사는 카드 돌려막기를 무려 10년 이상 해오고 있었다. 번 돈은 부모님의 빚을 대신 갚는 데 쓰고 생활비는 신용카드로 충당했는데 그 빚이 쌓인 게 원인이었다. 카드로 안 되니까 대부업체 대출까지 받아서 버티고 버티는 사이 13년이 지났다. 연체가 쌓이고 신용불량자로 주저앉는 건 어떻게든 막아보려 하다가 시간만 흘러간 것이다. 이런 사람들에게 나는 이렇게 이야기한다. "차라리 연체하세요. 이렇게 해서는 답이 없어요." 연체 상태가 되면 3개월 동안 온갖 채권추심 압박이 들어오고 마음고생이 정말 크다. 그게 두려워서 어떻게든 연체는 안 하려고 돌려막기에 대부까지 쓰면서 버틴다. 하지만 3개월만 버티면 워크아웃을 비롯한 신용회복 프로그램의 도움을 받을 수 있다. 그러면 빚 독촉이 없어지고 5년간 성실하게 빚을 갚아나가면 졸업할 수 있다.

나를 찾아온 강사는 조언에 따라 연체 후 신용회복 프로그램의 도움을 받았고, 실력 있는 사람이었기 때문에 수도권에 신도

시가 들어설 때 발 빠르게 학원을 내고 자리 잡을 수 있었다. 그리고 5년 동안 성실하게 빚을 갚은 끝에 빚에서 완전히 해방되었다. 10년이 넘는 시간 동안 본인은 물론 가족들이 겪었을 마음고생은 이루 말할 수 없었을 것이다.

위기 상황에서 개인이 겪는 가장 위험한 상황 중 하나는 심리적으로 병드는 것이다. 부채에 시달리는 사람들은 우울증을 비롯해 정신건강에 문제가 생길 수 있다. 부채에 시달리는 사람들과 상담해보면 날마다 죽고 싶다는 생각만 하는 사람들이 많다. 좌절하지 말고 용기를 가져야 한다. 힘들면 병원에 가보는 것도 좋다. 감기만 걸려도 병원을 찾으면서 마음의 병은 혼자서 끙끙 앓는데 그러면 병만 더 커질 뿐이다. 스스로 극복할 수 있으면 좋겠지만 이미 그럴 단계를 넘어선 경우도 많다. 자신의 정신이 건강한지 냉정하게 생각해보고, 건강하지 않은 상태가 계속된다면 꼭 전문가의 상담을 받아보기 바란다.

이제 돈을 벌 주인공은
바로 당신이다

코로나19로 모두가 힘든 상황이다. 사회적 거리두기로 인해 커피숍에서도 식당에서도 사람을 만나기가 힘들다. 이러한 이유로 자영업을 하는 사람들은 몹시 힘든 시간을 보내고 있다. 작은 건물을 갖고 있는 친구를 만났는데 임대료를 받기도 미안하단다.

모두가 경제적으로 어려운 상황이다. 정부는 각종 대책을 내놓고 있지만, 서민들의 삶은 여전히 힘들기만 하다. 이 책을 쓰면서 경제적으로 힘든 상황에 있는 사람들에게 작은 아이디어라도 제공할 수 있었으면 하는 마음이었다. 저금리 상황에서 미래에 대한 희망을 잃어버린 사람들에게 작은 희망이라도 갖게 해주고 싶었다.

나는 어린 시절 몹시 가난하게 살았다. 무허가 판잣집에서 살기도 했고, 낮에도 불을 켜놓아야 하는 연립주택 지하 단칸방에서 살기도 했다. 가난에서 벗어나고 싶은 생각에 돈을 많이 벌어서 부자가 되기로 결심했다. 그래서 일찍부터 주식투자 등에 관심을 가졌지만, 내 투자는 그리 성공적이지 못했다. 다행히 2003년에 시작한 사업이 성공을 거둬 창업 10년 만에 키움증권그룹에 회사를 넘겼다. 그렇지만 2015년의 두 번째 창업에서는 큰 실패를 맛보았다. 당시 추세였던 핀테크 분야에 뛰어들어 온라인 자산관리 플랫폼을 만들었지만 개발에 들어간 비용도 건지지 못하고 큰 손해를 봤다.

사업을 접은 후 그 후유증으로 투자자들과 채무자들에게 시달렸다. 너무 힘들어서 몇 번이나 극단적인 생각을 하기도 했지만, 어떻게든 위기 상황에서 탈출하고 싶었다. 그래서 남들은 어떻게 돈을 벌 기회를 잡았는지 연구하기 시작했다. 각종 자료를 뒤지고, 그동안 고객들이 들려준 돈을 번 구체적인 사례들을 생각해봤다. 돈을 벌 수 있는 기회는 어디에 있고, 어떻게 하면 그것을 알 수 있는지를 정리했다. 1998년 IMF 외환위기 이후 일련의 사건들, 2008년 글로벌 금융위기 이후에 일어난 일들 그리고 이후 신종플루와 메르스를 겪으면서 변화한 우리 주변을 돌아봤다. 거기에는 특정한 패턴과 돈 벌 수 있는 기회를 알려주는 신호가 있었다. 그 기회를 신중하고 철저하게 검증하는 작업을 하면서 희망을 갖게 되었다. 그리고 기회를 포착해 큰돈을 벌 수 있었다.

이순신 장군이 지략과 지혜를 바탕으로 최소한의 병력만으로 왜군을 물리치고 큰 승리를 거둔 사실을 우리는 잘 알고 있다. 여기서 기억해야 할 것은 이순신 장군은 확실히 이길 수 있는 상황이 되기 전까지는 적과의 싸움에 나서지 않았다는 것이다. 속히 전투에 나서라는 임금의 명령을 어긴 죄로 투옥되기까지 했지만 이순신 장군이 전투에 나서지 않았던 것은 확실하게 이길 수 있는 기회가 오기 전에 전투에 나서면 몰살당한다는 사실을 알고 있었기 때문이다.

투자도 마찬가지다. 돈을 벌 수 있는 기회가 찾아오기 전에 선불리 투자에 나서면 실패할 확률이 높다. 100퍼센트 돈을 벌 수 있는 기회가 온 것이 아니라면 손실을 입을 수밖에 없다. 따라서 돈의 기회를 읽는 것과 그것이 오기까지 기다리는 것은 반드시 지켜야 할 투자의 법칙이다.

힘든 상황이었을 때는 시집갈 나이가 된 큰딸과 이제 고등학교 1학년이 된 늦둥이 둘째 딸을 볼 때마다 가슴이 먹먹했다. 힘든 시기가 있었기에 더 사랑해주고 싶고, 세상에서 가장 멋있느

아빠의 모습을 보여주고 싶다. 가족의 눈물과 그들이 내게 준 용기가 내가 그들에게 웃음을 되찾아줄 수 있는 원동력이었다.

코로나19가 살기 힘든 세상을 만들었지만, 오히려 돈을 벌 수 있는 큰 기회를 가져다 주었으며, 앞으로도 최소 2년간은 계속 그런 기회들을 제공할 것이라고 조심스럽게 예측해본다. 그 기회를 잡는 방법은 과거 우리나라에 찾아왔던 위기가 어떤 기회의 패턴을 내포하고 있었는지 이해하고, 이를 바탕으로 이번 위기에서 나만의 기회를 찾는 것이다. 모든 생각을 집중하고 노력한다면 누구나 돈을 벌 수 있을 것이다. 지금 그 주인공은 바로 당신이라고 말해주고 싶다.

너나 할 것 없이 주식시장에 뛰어들고, 주택을 패닉바잉하고 있는 지금의 상황에서 실패하지 않기 위해서는 무엇보다 신중해야 한다. 우리 가정의 미래가 거기 달려 있다.

과거에는 투자할 때 대충 해도 정보만 좋으면 성공한다는 것이 정설처럼 여겨져서 종목에 대한 정보를 얻거나 부동산 개발에 대한 정보를 얻기 위해 온 힘을 쏟았지만 지금은 상황이 다르다. 투자시장의 주체들이 베이붐세대가 아닌 밀레니얼세대와 Z세대로 바뀌었는데 이들 MZ세대는 학습능력이 탁월하고, 디지털기기를 통해 정보를 획득하는 속도도 빠르다. 이들은 투자시장에서 빠른 의사결정으로 대응한다. 이들의 행동 패턴을 이해하고, 영끌대출, 빚투를 이해한다면 돈을 벌 수 있는 기회를 잡을 수 있을 것이다.

코로나19 상황을 극복하는 데는 시간이 걸리기 때문에 정부
는 지속적인 대응을 할 수밖에 없고, 그 결과 돈을 벌 수 있는 기
회가 계속 생길 것이다. 이 책을 읽는 독자들이 돈에 지배받지
않고, 끝까지 희망을 가지고 돈 벌 기회를 포착해서 큰 기쁨을
누릴 수 있기를 바란다.

1 「IMF 외환위기」, KDI 경제정보센터, 2010년 10월 29일.

2 「문창기 이디야커피 회장 '해외 어디서든 이디야커피 맛보게 하겠다」,
《매일경제》, 2017년 5월 24일.

3 「환율 시리즈 3 : 우리나라의 환율제도 변천사」, 예금보험공사 블로
그, 2014년 11월 12일.

4 「日 대부업체, 한국 시장 장악한 진짜 이유는」,《서울신문》, 2012년
9월 14일.

5 「주가 한때 31만 원에서 1400원대로」,《한겨레21》, 2001년 6월
27일.

6 「그래도 벤처는 달려야 한다」,《중앙일보》, 2002년 12월 2일.

7 「인터넷 1세대 '인츠닷컴' 문닫아…홈페이지 폐쇄」,《한국경제》, 2002년
11월 29일.

8 「[표] 시가총액 순위 변동 추이」,《연합뉴스》, 2017년 2월 1일.

9 「미래에셋 인사이트펀드 10년…4가지 교훈」,《매일경제》, 2017년 10월
24일.

10 「쪽박도 묻어두니 대박···바이코리아 430%(설정 이후 13년 만에) 수익률」,《조선비즈》, 2012년 3월 2일.

11 「중국 증시 '기우뚱'···올림픽 효과 '갸우뚱'」,《조선비즈》, 2008년 8월 9일.

12 「자영업자 짓누른 메르스의 경험···"이번에도 반복될까 걱정"」,《한국일보》, 2020년 2월 8일.

13 「칸타, 코로나19로 인한 국내 건기식 시장 변화 분석」,《EMD 메디컬뉴스》, 2020년 2월 26일.

14 「中 숨겨도 캐나다 AI는 알았다···한 달 전 우한폐렴 예측한 의사」,《중앙일보》, 2020년 1월 28일.

15 「미국 실업자 긴급재난지원금이 소비 10% 끌어올려」,《한겨레》, 2020년 7월 17일.

16 「코로나19로 인한 연방정부·주정부 재정보조 지원 안내」, 주 미국 대한민국 대사관, 2020년 4월 14일.

17 "Coronavirus Socialism," *Forbes*, Apr 13, 2020.

18 「상장사 2분기 매출 11%↓···항공·기계업 타격」,《한겨레》, 2020년 8월 19일.

19 「기업 실적 3분기 급반등···4분기도 청신호」,《경기매일》, 2020년 11월 22일.

20 「증권사, 주식담보대출 잇따라 중단···'빚투' 급증에 한도 바닥」,《서울파이낸스》, 2020년 7월 24일.

21 「상반기 증시관련대금 2경6059조···전년比 18.9%↑」,《조선비즈》, 2020년 7월 30일.

22 「韓美日, 돈 풀었더니 예금만 늘었다···불안감에 소비·투자 유보」,

《조선비즈》, 2020년 7월 28일.

23 「"대박주 찍어줄게" 개미 홀리는 '주식 리딩방'[심층기획]」,《세계일
보》, 2020년 9월 20일.

24 「늘어난 빚투에 '반대매매' 빨간 불」,《뉴시스》, 2020년 10월 30일.

25 「코로나로 뜬 단어 언택트untact가 이 사람 작품이었어?」,《조선일보》,
2020년 4월 17일.

26 「아마존고, 아직 '미래형 상점'쯤으로 보이세요?」, Samsung Newsroom,
2018년 3월 15일.

27 「中 내 미디어 커머스 고속 성장…2월 타오바오 라이브 판매자
719% 증가」,《그린포스트코리아》, 2020년 4월 1일.

28 커넥팅랩 외,『모바일 미래보고서 2021』, 비즈니스북스, 2020.

29 「내 심장을 부탁해, 원격진단 '심전도 패치' 해외서 통했다」,《중앙일
보》, 2020년 7월 1일.

30 「서울파이낸스센터 11년 만에 매물로」,《매일경제》, 2011년 1월 11일.

31 「LG경제硏 "하우스푸어 30만명 이상」,《국민일보》, 2013년 1월 22일.

32 「커지는 사모펀드 피해…제2의 라임사태 어떻게 막나」,《연합뉴스
TV》, 2020년 7월 7일.

33 「 [CEO lounge] 랩어카운트 돌풍 몰고 온 경북대 출신 투자자문사
CEO 3인방」,《매일경제》, 2010년 10월 9일.

34 「[외식BIZ 단신] "CJ 비비고 만두 상반기 매출 1263억…점유율
1위」,《식품외식경영》, 2020년 8월 9일.

35 「코로나로 여가·여행 제약…서울시민 40% '정신건강 나빠져'」,《머
니투데이》, 2020년 9월 21일.

36 「치솟던 금값 돌연 7년 만에 최대치 폭락」,《한겨레》, 2020년 8월 12일.

37 「[기획ㅅ사이트] "마약베개, 노트에 끄적거린 낙서에서 탄생한 제품",
   블랭크코퍼레이션 정주리 프로」, Platum, 2018년 10월 10일.

38 「전세계 젊은층 홀린 韓 영상 메신저 '아자르'」,《매일경제》, 2020년 3월
   10일.

39 「은행원도 "이런 일 처음"…주담대보다 싼 신용대출 이자」,《한겨레》,
   2020년 8월 17일.

EBS CLASS e 시리즈 011

돈의 기회

1판 1쇄 발행 2020년 12월 24일

지은이 백정선

펴낸이 김명중
콘텐츠기획센터장 류재호 | **북&렉처프로젝트팀장** 유규오
북매니저 박민주 | **북팀** 김현우 장효순 최재진 | **마케팅** 김효정
렉처팀 김형준 허성호 최이슬 정명 유가영

책임편집 박혜영 | **디자인** 섬세한 곰 | **제작** 세걸음

펴낸 곳 한국교육방송공사(EBS)
출판신고 2001년 1월 8일 제2017-000193호
주소 경기도 고양시 일산동구 한류월드로 281
대표전화 1588-1580
홈페이지 www.ebs.co.kr

© 2020, 백정선

ISBN 978-89-547-5641-9 04300
ISBN 978-89-547-5388-3 (세트)